黑龙江省艺术科学规划项目（项目编号：2017D016）、黑
本科研业务费科研项目（项目编号：2017-KYYWF0705）的研究成果

新媒体时代广播发展及
传播策略研究

逯杉楠　著

全国百佳图书出版单位
吉林出版集团股份有限公司

图书在版编目（CIP）数据

新媒体时代广播发展及传播策略研究 / 逯杉楠著
. -- 长春：吉林出版集团股份有限公司，2022.9
ISBN 978-7-5731-2260-5

Ⅰ . ①新… Ⅱ . ①逯… Ⅲ . ①广播电视 - 传播媒介 -
研究 Ⅳ . ① G220

中国版本图书馆 CIP 数据核字 (2022) 第 174797 号

XINMEITI SHIDAI GUANGBO FAZHAN JI CHUANBO CELÜE YANJIU

新媒体时代广播发展及传播策略研究

著　　者	逯杉楠	
责任编辑	杨　爽	
装帧设计	优盛文化	

出　　版	吉林出版集团股份有限公司	
发　　行	吉林出版集团社科图书有限公司	
地　　址	吉林省长春市南关区福祉大路 5788 号　邮编：130118	
印　　刷	定州启航印刷有限公司	
电　　话	0431-81629711（总编办）	
抖 音 号	吉林出版集团社科图书有限公司　37009026326	

开　　本	710 mm×1000 mm　1 / 16	
印　　张	10.25	
字　　数	200 千	
版　　次	2022 年 9 月第 1 版	
印　　次	2022 年 9 月第 1 次印刷	

书　　号	ISBN 978-7-5731-2260-5	
定　　价	68.00 元	

如有印装质量问题，请与市场营销中心联系调换。0431-81629729

前 | 言

新媒体是相对于传统媒体而言的，是在报刊、广播、电视等传统媒体之后发展起来的新的媒体形态。新媒体是利用数字技术、网络技术、移动技术等技术，通过互联网、无线通信网、卫星等渠道，经过电脑、手机、数字电视机等终端，向用户提供信息和娱乐服务的传播形态和媒体形态。严格地说，新媒体应称为数字化媒体。清华大学的熊澄宇教授认为："新媒体是一个不断变化的概念。在今天网络基础上又有延伸，无线移动的问题，还有出现其他新的媒体形态，跟计算机相关的，这些都可以说是新媒体。"所以，新媒体时代的本质是数字化媒体盛行的时代。

广播是一种传统媒体，但是并不代表它就是陈旧的媒体。从最开始的一个喇叭、一个话筒、一个播音员到现在的演播厅、专业调音台以及整套完善的广播流程，广播已经成为人们最熟悉的媒体，但也是最容易被人们忽视的媒体。新媒体时代，凭借网络科技，已经从网络时代发展到现在人人都是自媒体的时代。其实，广播和新媒体都是信息传播的媒体，它们各有优势，由于新媒体的爆发式生长，广播看似处于劣势，有人甚至认为有一天广播会随着时代的发展而消失，但实际上新媒体无法替代广播。

在信息传播的世界中，融合共生是媒体发展的必然趋势。在信息内容多样化与快速化的今天，虽然传统的广播媒体受到了新媒体的大力冲击，但我们应该看到，新技术带来的生产、生活方式的变化，尤其是信息传播方式的变化，正在不断拓展新的市场，也为广播带来了新契机。新媒体和广播本身并不对立，而是相互融合与发展的关系。以新媒体为依托，对传统的广播媒体进行内容与播放方式的变革，借势在人们心目中塑造新的广播媒体形象，让受众重新接触并热爱广播。

基于此，本书定位为研究新媒体时代广播发展及传播策略，全书分发展篇和传播篇，其中发展篇追溯了广播在新媒体时代的受众、传播内容、传播方式发生的变化，传播篇主要围绕媒体融合时代，广播寻求的传播策略。

　　由于作者水平有限，书中的论点和论述难免有不全面之处，还请各位读者批评指正。

作者

2022 年 3 月 4 日

目 | 录

【下篇·传播篇】

【上篇·发展篇】

第一章　新媒体时代广播发展概况

第一节　数字化背景下的媒体发展与重塑

一、数字化时代的定义及特征

（一）数字化时代的定义

何为数字化时代？数字化时代的概念是在20世纪90年代提出的。将不同学者的定义总结起来分为以下两种：

一种定义为数字化时代与信息化时代的概念是相同的，信息化时代的到来是通过电子计算机和现代通信技术的推动实现的，以计算机技术为主导的通过生产、获取、处理、存储、利用等方式来实现信息传播。数字化时代与信息化时代的运作原理及逻辑一致，所以两者可以等同。

另一种定义为数字化时代与信息化时代概念是不同的，两者在产生时间上有所不同，信息时代的时间节点为20世纪90年代到21世纪初，从2010年开始，人类进入数字化时代。

学界多数赞同第二种观点，将信息化时代与数字化时代相区别，并给出定义："运用信息技术，将一切信息转化为0与1的过程，是信息领域的数字技术向人类生活的各个领域全面推进的过程。"[1]

---

[1] 木扎怕尔·牙森：《数字时代新闻编辑工作主要特点探究》，《西部广播电视》2016年第6期。

（二）数字化时代的特征

数字化时代的重要特征是速度极快、数据复杂、经济及社会的全球化。数字化对一个国家来说，渗透在社会的方方面面，如图1-1所示。

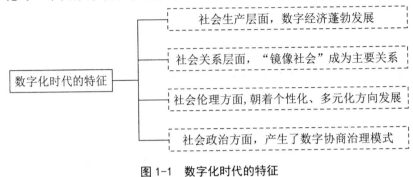

图1-1　数字化时代的特征

1. 社会生产层面，数字经济蓬勃发展

数字化时代，围绕数据进行挖掘、拓展、创新成为各行各业的基础性工作，因而数字劳动成为一项复杂的、前沿的劳动，通过海量数据的搜集、挖掘，最终创造客观价值。数字化时代与信息化时代相比，数据运行速度更快，产生的效益也更大。以云计算为例，腾讯研究院联合腾讯云发布的《数字中国指数报告（2020）》中指出，区域数字化及产业数字化成为当下经济发展的方向，未来的经济发展将优先发展数字产业。该报告还指出，数字中国指数继续高速增长，2019年较上年同期上升73.2%。数字中国建设的背后，是数字的大发展，将重构生产、分配的方式，共同推进全球范围内的经济发展与世界格局。

数字化时代，由数字发展起来的数字经济以数字化的知识与信息为生产资料，以创新、改革为根本动力，以现代化网络为重要载体，以数字技术与经济发展相结合为关键，推动传统经济实现数字化、智能化、高效化发展，以此来推动新型的经济形态的产生与发展。

2. 社会关系层面，"镜像社会"成为主要关系

"镜像社会"，与"虚拟社会"相区别，社会关系就像一面镜子，每个人看到的景象都有所不同。随着网络化的实现，传统的以血缘、地缘为纽带维系的社会关系不再牢靠。取而代之的是网络技术联结，实现了人与人、人与物之间的联结。数字化时代，人们轻而易举地就能获得信息，可以在网络

空间中寻找与自己志同道合的人。因此，数字化时代拓展了社会关系的交际范围，在血缘、地缘的基础上实现了数字化的"聚合"。

随着网民人数的不断增加，社会关系也日趋复杂。而现代数字技术可以清晰记录复杂的社会关系，可以通过大数据捕捉到人们的活动轨迹，通过数据实现了真实的"复刻，"实现了由虚拟世界向"镜像社会"的过渡。在"镜像社会"中，社会关系变得真实，"镜像社会"与现实世界的关系也越来越紧密，在网络社会空间基础上衍生出的社会关系也朝着规范化、真实化的方向发展，实现了人们的社会关系在网络空间中的拓展。

3. 社会伦理方面，朝着个性化、多元化的方向发展

数字化时代给了人们极大的网络空间自由，人们可以根据自己的喜好找到网络部落，在各自的网络部落圈层中生活。因此，数字化时代的网络社交朝着个性化、多元化的方向发展，人们的思维更加灵敏，表达自我的愿望也越来越强烈。当然，面对网络，人们的社会活跃度比任何时代都高，其带来的网络暴力、虚假宣传等问题也层出不穷。

"对立耦合"理论指出数字化时代中矛盾的社会现象，因此不同的伦理审美衍生出多元的伦理观念，其间矛盾重重，但最终可以实现一种冲突的和谐。面对海量的信息，当代的网民大多回归理性，客观看待兼容并包的数字化时代，在"求同"的同时，还愿意接受"不同"。

4. 社会政治方面，产生了数字协商治理模式

数字化时代，信息的交换与传播需要依靠网络，推动社会权力的下移，社会互动性大大增强，促使媒体机构与政治机构的关系越来越密切，相关的政治主张及政治导向要借助网络进行传播。这种权力的扁平化下移，也使得处理社会公共问题的模式从单个个体转向多主体参与、多主体协商的模式，促使新兴的数字协商治理模式的产生。

数字协商治理模式通过解析民众身上的数据，实现数字民主。

二、新媒体的概念、发展和特征

数字化时代，各行各业的运作发生了本质的变化。在传播领域，新媒体应运而生，"新媒体"一词最早出现于20世纪60年代的美国，之后迅速扩展到其他国家。从本质上说，新媒体就是依靠数字技术发展的新兴媒体形式。随着新媒体的进一步发展，市场上的新媒体形式多种多样。那么什么是新媒体？

如何看待新媒体的"新"？新媒体中的"新"是相对于传统媒体而言的，新媒体随着时代的变化，有朝一日也会变成"旧媒体"，因此新媒体有较强的时代属性。新媒体是对旧媒体的优化与创新。在新媒体的引领下，信息将以多样化的形式呈现，传播渠道也日益扩展，为受众带来全新的体验。

（一）新媒体的概念

新媒体的概念有广义和狭义之分。

广义的新媒体指的是新兴媒体及新型媒体，其中新型媒体指的是数字广播、数字电视等经过数字技术改造过的传统媒体。

狭义的新媒体指的是新兴的媒体，是创新性的媒体，在传播理念、技术、方式、消费等方面不同于传统媒体，在理念上具有时代性，是新颖的媒体。新媒体涵盖了图像、语音、文字、数据等多方面的表现元素，能高效、快捷地将其传递给广大用户。

（二）新媒体的发展

当前，新媒体的发展速度较快，依托现代信息技术，带来了信息传播的新体验。以手机为中心的智能设备为"万物互联"走向"万物智能"奠定了基础，移动互联网服务场景不断丰富，移动终端规模加速扩大，移动数据量持续扩大，为移动互联网产业创造更多有价值的挖掘空间。

新媒体虽然发展的时间较短，但取得的成绩可观，主要表现在以下几个方面（图1-2）：

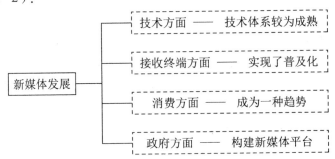

图1-2　新媒体发展的四个方面

1.技术方面，所构建的技术体系较为成熟

从本质上说，新媒体是新技术的运用，通过数字技术、网络技术、移动技术来满足用户的多样化需求，所以新媒体革新的是传播方式。新媒体大大

拓展了传播方式，但传播内容仍然与传统媒体一致，更多的是在形式上有所差异。我国新媒体技术发展迅速，有的技术水平已经比肩国际水平，甚至走在了技术前端，给用户带来更多的时空体验、互动性体验。

2. 接收终端方面，实现了普及化，正在朝生态化方向发展

在当前的生活中，新媒体处处可见，内容海量，大大提升了用户的体验。电梯里的小电视投屏、公交车等交通工具上的移动广告等都是新媒体的传播方式，所以新媒体的出现使得信息接收更加便利，其接收终端也实现了普及。与传统媒体相比，新媒体在诸多方面展现出优势。有人认为新媒体会取代传统媒体，但传统媒体在权威性和价值导向上有着绝对优势，这是新媒体不能取代的。未来，传统媒体与新媒体相结合，共同推进传播领域的发展。

新媒体未来将朝着生态化方向发展。构建生态化平台，实现传播的整体协调发展，进一步加强舆论建设，规范传播方式，促进新媒体的生态化发展。

3. 消费方面，新媒体消费成为一种趋势

随着新媒体的发展，新媒体消费成为人们消费的一部分，尤其偏年轻的群体对新媒体的消费支出呈现出上升的趋势。新媒体消费主体以"95后""00后"为代表，他们是生于互联网时代、长于信息化时代的新生代，对手机的依赖程度较高，生活、学习、社交等各个方面都是通过手机完成的。当前新媒体消费主要包括游戏、影视、音乐、购物、社交、学习等，其中游戏、影视使用频率最高，消费金额较多。

随着人们生活水平的提高，越来越多的人学会了上网，人们习惯在网上获取信息，进行消费，外卖、线上购物、线上理财、在线教育等新媒体消费也在逐年增长。

4. 政府方面，正在构建新媒体平台

我国政府非常重视新媒体的发展，重视新媒体与传播内容的优化，目前正在构建新媒体发展平台，积极推进传统传播与新媒体的融合，更新传播方式，实现信息的高效传播。

我国的新媒体在全球新媒体发展中占有重要的地位。首先，我国新媒体促进全球新媒体朝着正向发展，规模用户及 5G 时代的到来都表现出强大的

生命力。其次，我国的新媒体朝着微传播方向转型，走在了全球新媒体发展的前沿。再次，新媒体发展重心正在向亚洲转移，我国是新媒体用户大国，有着活跃的新媒体发展土壤，为新媒体的崛起提供了条件。最后，新媒体正在迅速融入各国的经济、政治、文化、生活中，实现共享共治、互联互通。新媒体的发展前景广阔，为进一步促进产业升级与革新，我国政府高度重视新媒体的建设，积极构建新媒体平台，提高传播效率。

（三）新媒体的特征

新媒体的特征从本质上说是实现了数字化、互动化。数字化技术指的是由 0 和 1 组成的二进制代码按照一定的规则编码信息，将编码进行传递的技术。计算机可以使复杂的信息用 0 和 1 进行标识，进一步提升传播效率。可以说二进制为基础的数字化技术，已经运用于人们生活的方方面面，整个信息网络的构建建立在二进制的基础上。新媒体是建立在数字化基础上的，这样便实现了信息传播的最广化和信息量的最大化，满足了用户的多样化需求，实现了受众市场的进一步划分。

传统媒体与新媒体在互动上存在着差异，主要表现在以下几个方面（图1-3）：

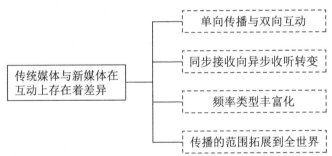

图1-3　传统媒体与新媒体在互动上存在着差异

1.单向传播与双向互动

传统媒体多是单向传播，产出方与用户的互动的机会较少。而新媒体的一大优势是实现了双向互动：一方面，用户可以就接收到的内容发表自己的见解，增强参与性；另一方面，产出方也可以根据用户的喜好或者意见及时更新内容，制作更多满足用户需求的内容。互动性的特征表现出信息的主动权向用户方倾斜。

2.同步接收向异步收听转变

以往的传播形式需要按照线性传播进行同步收听，用户如果没在同一时间收看或收听，将会错过节目；而数字化技术的运用使得用户的主动权增大，用户可以主动选择收听或收看方式，也可以在任意时间接收信息。

3.频率类型丰富化

新媒体的信息传播速度更快，流通更广，尤其依靠互联网，能实现海量信息源，人们可以轻而易举地获得想要的信息，当然在选择的过程中需要端正态度，主动取舍，才能获得有效的信息。

4.传播的范围拓展到全世界

新媒体凭借现代数字技术，打破了以往众多媒体的局限，使得传播的范围更广，进一步推动了信息向全世界扩展，任何人都可以随时接收信息，实现了同频交流与互动。

三、新媒体重塑传统媒体

新媒体以其鲜明的时代性大大提高了传播效率，发展势头不可阻挡，但传统媒体也有其存在的意义，所以新媒体不会取代传统媒体，但在一定程度上会重塑传统媒体。在论述新媒体与传统媒体之间的关系时，罗杰·菲德勒说道："新媒体并不是自发地、独立地产生的——它们从旧媒体的形态变化中逐渐产生。当比较新的媒体形式出现时，比较旧的形式通常不会死亡——它们会继续演进和适应。"[1] 新媒体的产生并不会取代传统媒体，传统媒体会依托现代技术，加以"演进和适应"。

（一）新媒体迅速发展

传统媒体通常指的是广播、报纸、杂志、电视等大众媒体。随着互联网的普及，新媒体产生并逐渐扩大，发展到今天已占领了大部分市场份额。

在中国，随着互联网的普及，网民人数呈现快速发展的态势。《新媒体蓝皮书：中国新媒体发展报告 No.12（2021）》显示，截至 2020 年底，我国

---

[1] 罗杰·菲德勒：《媒体形态变化——认识新媒体》，明安香译，华夏出版社，2000，第19 页。

网民规模达到 9.89 亿人，其中网络视频用户规模达 9.27 亿人，手机上网人数达到 9.86 亿人，短视频用户较 2020 年 3 月增长 1 亿人，达到 8.73 亿人，已占全体网民的 88.3%。《中华人民共和国 2020 年国民经济和社会发展统计公报》显示，2020 年全年移动互联网的用户接入流量合计 1656 亿 GB，比上一年增长 35.7%，年末全国互联网的普及率为 70.4%，其中农村地区的互联网普及率也有了较大的提升，达到 55.9%。

接收端的变革集中体现在以智能手机为代表的"口袋里的媒体"。根据中国互联网络信息中心（CNNIC）在京发布第 33、35、37、39、41、43、45、47 次《中国互联网络发展状况统计报告》，从 2013 年至 2020 年，中国互联网用户规模在逐年扩大，手机网民规模也在不断扩大，其数据如下：

2013 年——互联网用户规模为 6.18 亿人，手机网民规模为 5 亿人。

2014 年——互联网用户规模为 6.49 亿人，手机网民规模为 5.57 亿人。

2015 年——互联网用户规模为 6.88 亿人，手机网民规模为 6.2 亿人。

2016 年——互联网用户规模为 7.31 亿人，手机网民规模为 6.95 亿人。

2017 年——互联网用户规模为 7.72 亿人，手机网民规模为 7.53 亿人。

2018 年——互联网用户规模为 8.29 亿人，手机网民规模为 8.17 亿人。

2019 年——互联网用户规模 9.04 亿人，手机网民规模为 8.97 亿人。

2020 年——互联网用户规模为 9.89 亿人，手机网民规模为 9.86 亿人。

可以说，智能手机的出现具有划时代的意义，也是手机发展过程中的一次跨越式发展。智能手机不仅具备传统手机接打电话的功能，还能满足用户的个性化需求，人们可以随时随地获取信息。

智能手机携带方便，且具备多项功能和特点：

——实时、远程、互动；

——具备照相机、摄像机、录音机等功能；

——掌上化、可视化传播信息；

——更快捷、更高效；

——小巧精致，方便携带。

智能手机由单纯接打电话转变为重要的大众信息的接收终端，实现了信息传播的最大化，同时满足了信息接收的便利。大众通过手机可以实现点对点的传播，可以及时反馈信息，也可以群发消息，便于接收信息与沟通，也实现了传播行为的个性化、多样化。可以说，互联网通过手机将一切媒体联系起来，实现了移动化传输。只要有一部手机，人们就可以实现与外界的沟通，实现交流自由化。智能手机更多地满足了消费者在零碎的时间中实现碎片化的信息接收，随时随地随心获取信息，达到了办公、学习、娱乐、交流的目的。

（二）传统媒体的重塑

新媒体在较短的时间内从边缘化的媒体成长为主流媒体，与传统媒体竞争，其背后是数字化、网络化的运行方式，这些方式适应时代主流，能吸引广大受众群体参与进来。传统媒体面对新媒体发展的大趋势，其危机感不言而喻，要想度过危机，唯有与新媒体技术进行深度融合，取其精华，去其糟粕。近年来，传统媒体进行了网络化、数字化创新，取得了较大成果，不但以新媒体的方式来呈现内容，而且使传统媒体找到了新出路。

1. 报纸的数字化转型

新媒体的产生给报业带来了挑战，主要表现为发行量大幅度下降，失去了年轻消费群体；广告市场也大幅度减少，获利空间变小；媒体融合过程中盈利难以实现；等等。面对如此挑战，早在 2006 年，新闻出版总署就提出了"数字报业"的发展战略，鼓励各大报纸探索数字化转型与升级，传统的报纸行业便开始了探索数字化的内容呈现、数字化的传播方式以及数字化的终端显现。

总结各大报纸的转型模式，报纸的数字化转型类型分为以下几种：

（1）系统化转型。有的报业集团在系统内对报纸资源、流程、结构、运营、管理、体制、业务、终端等环节进行数字化设计，之后将数字化转型后的各个环节重新组合，进行全新的媒体构建，实现系统化的转型。重组之后的报业运行效率更高，更能满足当代大众的需求。

例如，重庆日报报业集团的系统化转型致力于"一体化全媒体技术平台"的建设，加速新闻产品及产业结构的升级，打造报纸与新媒体一体化的"采编中央厨房"，实现了写稿、传稿不再依赖电脑，而是在手机上安装移动采编 App，可以随时随地向报社传递稿件。在转型过程中，该报业集团还开发了智能办公系统，将新闻线索派发给距离事件发生最近的记者，使信息在第一时间得到收集与发布，大大提升了信息的传播效率。重庆日报报业集团的系统化转型从根本上改变了传统新闻产出模式，实现了实质性的突破。

（2）拓展延伸。有的报业在数字化转型时，根据报业发展情况对现有资源进行整合，数字化主要体现在对现有产品的功能拓展上，通过延伸与拓展，提升了媒体产品的附加值。拓展是在原来报业集团的基础上进行的，其系统保持不变，这样大大降低了风险，减少了创新的阻力。例如，广州日报报业集团将《广州日报》的品牌延伸到不同的新媒体终端，大大拓展了传播范围。

（3）创新理念。创新理念对报业集团的转型至关重要，通过创新手段，可以对报业现有资源进行整合，根据用户需求，发掘资源的价值，不断整合、重组、升级，为报业的数字化转型提供保障。例如，广州日报报业集团依托上市公司"粤传媒"，寻求新媒体领域的附加值较高、成长性较快的项目进行投资，实现了在新媒体领域的跨越式发展，建立起了内容及媒体传媒生态体系。

（4）整合资源。报业集团通过合作的方式整合资源，实现体制机制的创新。例如，重庆日报报业集团与多家公司展开合作，探索出一条宽广的道路，组建了平面媒体与网络媒体结合的重庆华龙网新闻传媒有限公司。《重庆商报》与腾讯合作建立腾讯·大渝网，《重庆商报》与百度合资成立重庆·百度网，与国家部门及中小企业合作创办了重庆中小企业网，这些资源的整合可以取长补短，既加强了资源的利用，也使得跨界联合成为一种新模式，推动报业集团的创新发展。

2. 中国的电视数字化发展

有线电视数字化开始于 2003 年，2008 年我国开始全面推进数字电视的发展。当前，数字电视主要有 IPTV 网络电视、卫星数字电视、地面数字电视、有线数字电视四类，其中有线数字电视是我国电视产业发展的主要动力。

我国数字电视在发展过程中形成了以下几种产业形态：

（1）"电视＋"："电视＋"是由"互联网＋"衍生而来的一种模式，通过拓展新媒体的视听形态，实现电视效能的最大化，发展视听媒体新的产业形态。

（2）电视与社交媒体结合：电视与社交媒体结合指的是用户在观看电视节目的过程中，可以互动，如通过留言板、链接、连线等进行互动。

（3）电视与视频网站结合：当前电视与网络视频有着相同的受众，为了迎合年轻用户，电视节目也在不断调整内容，制定传播策略来吸引广大用户，一些纯粹的网络视频节目也寻求与电视频道的合作，这些都为电视的发展提供了新的方向。

（4）电视与电商结合：电视与电商结合多指向电视购物频道，一些电视或网络视频通过技术手段直接连接到电商平台，实现边娱乐边消费的模式，这也是电视发展的一大趋势。

（5）电视焦点事件与电子商务结合：这一模式主要通过热点事件进行传播、扩散，形成规模效应，相关的电商商家发布相应的产品，激发用户的新需求，实现了电视媒体与电子商务的联合，形成可观的经济效益。

（6）电视与大数据结合：大数据时代，数据为王，通过收集、整理数据，可以实现用户的精细化，锁定特定的消费群体，也可以通过数据梳理精准投放广告，实现效益的最大化。

第二节　广播的发展历程

广播是通过声音传播新闻的工具，产生于 20 世纪 20 年代，开创了以口语传播为特征的声音传播时代，其也被称为"新的口传时代"。广播发展至今大体经历了以下六个阶段（图 1-4）：

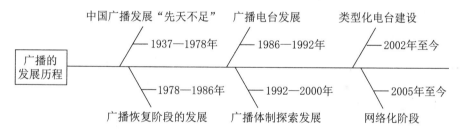

图 1-4　广播的发展历程

一、中国广播发展"先天不足"（1937—1978 年）

广播产生于西方，进入中国后经历了一段缓慢发展的阶段，当时广播的受众多是社会上层人士，而广大民众无法收听。由于当时积贫积弱的社会，致使国家无法投入更多资金，在技术上难以创新，因此广播在早期是作为奢侈品为少数人收听的。

中国广播是在战争时期发展起来的，这一时期广播主要服务于战争，从新中国成立之后才走向全国，并在较长的时间内在大众传媒中占据首要地位。广播传播的速度快，覆盖的人群广，故在这一时期一度成为上情下达的高效工具。

二、广播恢复阶段的发展（1978—1986 年）

中共十一届三中全会召开之后，广播开始反思自我发展，迎来了新的定位。1983 年的第十一次全国广播电视工作会议强调广播需要改变日常的"报纸有声版"的角色，走一条适合自我发展的道路，逐步形成我国广播电视管理的基本模式：四级办广播，四级办电视，四级混合覆盖。

这一时期广播的恢复主要表现为广播正在探索一条自我发展的道路。中央人民广播电台在这一时期开始大力发展记者队伍，除了报道报纸的新闻之外，还增加了部门人员的采写报道，逐渐探索出"短""新""快"的广播报道风格，并且在播音艺术及素养上进一步强化。中央人民广播电台还在录音通信、录音访谈、录音特写、现场报道、连续报道、广播特写等方面有了创新，得到广大群众的肯定。

这一时期，广播的内容除了新闻报道外，文艺广播也有了较快的发展。一些代表性节目迎来了收听高潮，这一时期的代表性文艺广播如下：

文学广播：《阅读与欣赏》《小说连续广播》《高山下的花环》《人生》《芙蓉镇》《夜幕下的哈尔滨》。

戏曲广播：《戏曲专题》《四姑娘》《张王李赵》《八品官》《司马迁》。

歌曲广播：《祝酒歌》《妹妹找哥泪花流》《我们的生活充满阳光》。

经过不断发展，广播在信息传播及娱乐方面得到了提升，促使中国人投身到社会主义现代化建设中。

三、广播电台发展（1986—1992 年）

改革开放以后，人们的文化生活日益丰富，仍然处在相对生硬的风格中的广播节目面临着失去听众的风险，各地电台都意识到如果不改革，只能被淘汰。

最先改革的是珠江经济台，其进行了人际传播模式改革，确定了"听众是广播的主人"的观念，由原来的单向传播转为双向互动，一改原来居高临下的风格，变成了沟通式的广播，朝着服务听众的方向发展。同时，电台还意识到在社会主义市场经济条件下，广播要想生存与发展，必须有好的经济效益为保障。于是，珠江经济台在改革的过程中，注重收听率，培养强烈的竞争意识，开拓广告投放业务。在节目构成上，珠江经济台采用主持、直播、编排、电话等方式，大大增强了互动，给国内的听众带来了全新的体验，同时缩减了录播环节，大大节约了成本。

四、广播体制探索发展（1992—2000 年）

1992 年，上海东方广播电台建立，标志着我国的广播进入了体制上的探索阶段。随着深圳、珠海、上海等地的开发，经济得到了大发展，促进了新闻事业、广播事业的发展。当时上海的《解放日报》《文汇报》《新民晚报》迎来了大发展，各大报业都在推陈出新，纷纷改版、扩版，推动了报纸质量和发行量的提升，而广播领域一成不变，听众大量流失。为了满足新时代广大听众的需求，上海市设立了上海东方广播电台，在全国率先实行了"一局两台"的运行体制，从此各大广播开始探索系列台的经营模式。

1988 年，广东珠江台的流行音乐立体声广播上线。

1989 年，中国国际广播电台创办了第一个介绍西方流行音乐的节目——Easy FM。

1990 年，北京人民广播电台率先创办了新闻、经济、音乐、少儿、文艺等专业化系列台，是国内较早完成系列台布局的广播电台。

1991 年，上海人民广播电台交通信息台设立，这是我国第一家交通广播电台。

1992 年，上海经济台发展了新闻、经济、文艺、音乐等电台。上海东方广播电台利用上海经济台使用的频率正式播出，并仿照上海经济台创办自己的系列台，与上海经济台开展了有序的竞争。

1992 年，国务院将广播列入第三产业——服务业，标志着广播电视产业功能的明确。

1999 年，"四级办台"停止，有线与无线进行合并，进一步对传播领域部门进行了分工。系列台成为这一时期广播发展的重点，各地纷纷探索系列台的经营模式。

2000 年，国家广播电影电视总局下发了《关于广播电影电视集团化发展试行工作的原则意见》，标志着广播影视朝着集团化方向迈进。

广播体制探索先是系列台的建设。这一时期是电台建设的摸索时期，多数广播电台内容相似。2000 年以后，广播影视的发展向集团化方向迈进，确定了以新闻宣传为中心，以繁荣创作为重点的综合性传媒集团，涵盖多样化媒体，多渠道投放，多产品传播，显示出强大的生命力。

五、类型化电台建设（2002 年至今）

在这一时期，广播发展向着专业化方向迈进，由重点建设系列台向建设音乐系列台转移，实现了系列台的二次细分——广播的类型化。类型化标志着对系列台或者专业化频率的广大受众进行再一次细分，更加贴近消费者的心理，是系列台市场化的表现。这一阶段的工作主要包括完成节目定位，朝着专业化方向发展；重视广告，实现效益的提升。

2002年，中央人民广播电台推出了改版后的《音乐之声》，突出其类型化特点，以流行音乐为发展方向，使用全球最大的广播软件服务公司——美国广播资讯化服务公司（Radio Computing Services，RCS）系统进行编排。2003年，中央人民广播电台又推出了改版后的《经济之声》，并提出了"任意时间收听，二十分钟搞定"的节目思路。

类型化电台构建的同时，广播也在不断向专业化迈进，如2005年，北京经济广播改成北京电台城市管理广播，广播节目定位为以城市管理、城市服务为内容与宗旨的专业化频道，在当时迎合广大市民的需要，是定位较为精准的频道。类型化电台发展到今天，产生了许多专业化的广播频道，涉及新闻、经济、财经、法制、民生、故事、交通、生活、美食、教育、科技、健康、音乐、文艺、老年、戏曲、少儿、女性等专业化频道，这些频道成为广告投放的主要方向，大大拓展了广播的功能。

六、网络化阶段（2005年至今）

从2005年开始，网络媒体作为新生事物迅速发展，媒体市场的竞争日益激烈，各广播电台开始将数字化技术应用于广播领域，探索广播在新媒体环境下的生存之道。广播的收听可以借助网络在手机、平板电脑上实现，同时广大网民成为内容的制作者，在网络上传播信息。实际上，传统广播的制作、传播以及收听的环节都通过非广播化的网络方式实现了，所以广播面临着前所未有的挑战。

2005年，中央人民广播电台下属的银河网络电台开播，其定位是培养未来的受众群体，涵盖娱乐、知识、情感、咨询、服务、教育等方面，节目的风格前卫、时尚，网民可以在收听节目的同时与主播互动，也可以通过评论、点播等方式参与到节目中，这大大提升了听众的参与度。其他广播电台也在摸索数字化生存战略，通过开办网络电台、网上播客等方式挑战网络媒体。

可视化广播的开发也是广播探索的重要途径，广播向手机电视、网络电视进军，通过优化内容来增强吸引力，如北京人民广播电台在2005年与北京网通合作开发了"北京网视"，虽然是电视形式，但这是由一家广播媒体创办的网络电视平台。

数字化广播的探索较早，在 20 世纪 80 年代已经开始，只是发展缓慢，但改革的脚步从未停止。数字化广播的尝试可以实现数字形式的传输，不会在传输过程中出现音质损失，保证了音频信号的真实性，还原了声音的本色。另外，广播数字化过程涉及的广播内容制作、数据传输等环节都会催生更多的产业，促进广播的多元化发展。

七、移动互联跨越阶段（2010 年至今）

随着移动互联网的兴起，移动通信及互联网技术快速发展，移动互联成为这一时期的主要特征，其中智能手机、平板电脑、可穿戴智能设备成为信息接收的主要工具，三网融合、5G 网络技术、虚拟运营商等也为高品质产品的产生奠定了基础。随着手机用户的逐年增多，手机成为第一大网络终端，移动互联的时代已经到来。这一时期的网络电台主要有四大类型：内容聚合性网络广播、电台聚合性网络广播、自媒体型广播、专业音乐类网络广播（图 1-5）。

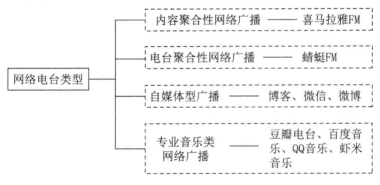

图 1-5 网络电台类型

这一时期网络电台开始向平台化方向发展，过去网络电台自己制作节目进行传播，现在变成提供网络平台，让广大网民成为创作者，网民在平台上可以发布海量的音频内容，包括歌曲、故事、文学、有声阅读等，常见的平台包括博客、微信、微博等，使得网络广播成为众多自媒体的聚合平台。

移动互联网背景下的传播呈现出碎片化，面对多元、海量的信息，点播取代了传统的线性播放，成为新的播出形态。其创作模式也由原来的集体创作走向个人创作，除了音频方式，还拓展了图片、文字、视频、弹幕等多样化的呈现方式，增强了互动性。随着时代的发展，广播会不会有消失的一天？作为现代大众媒体的广播，当前面临着严峻的挑战，加之网络技术的冲击，推进了广播朝着媒体融合的方向发展。我国历来重视广播的发展，因此广播媒体在政策上还会长期存在。而如果广播只作为内容存在，势必将在传播形态、编创方式等方面发生极大的改变，最终实现音频内容跨媒体生存。当前，有代表性的广播有北京人民广播电台文艺台（FM87.6）、中国国际广播电台（FM88.7）、中央人民广播电台第三套节目文艺调频（FM90.0）、中国国际广播电台Easy FM（FM91.5）、北京人民广播电台音乐台（FM97.4）、中央人民广播电台第二套节目（FM96.6）、中央人民广播电台第四套节目民族广播（FM101.8）、北京人民广播电台交通台（FM103.9）、中央人民广播电台第一套节目综合频道（FM106.1）等。

第三节　广播作为媒体的本质化特征

广播与电视最大的区别在于，电视是视觉化传播，而广播是非视觉传播。自从电视产生之后，在声音的基础上，实现了以图像、视频为传播符号的视觉传播。电视的产生使得个体获得信息特别是获得具象信息的能力大大提升了。而广播是以声音为传播符号的，不像电视那样生动形象。所以，广播与电视相比，是弱势媒体，但广播也有其自身独特的特性，有其区别于其他媒体的根本特性。

一、广播可以满足听众"听而不看"的需求

广播是一种只传播声音的纯听觉媒体。在听的过程中，听众看不见播音主持人，看不到所描述的事物，看不到诉说的文字。但广播以其具有亲和力的声音，成就了自身的伴随性，也满足了广大听众只听不看的需求。

（一）广播是听众走向现场的媒体

书籍通过文字实现了人们与世界的联系，电视通过图像和声音让人们感知世界，广播通过声音让人们感知世界。虽然阅读书籍与收听广播都能使我们间接地感知世界，但广播更能营造出"现场"的感觉：随着内容的播放，对事物进行全新的解读与诠释，而不是对已经发生过的事物加以记录。在一些广播新闻报道中，尤其在一些较大的事件中，广播直播得到了广泛运用。

（二）广播的思想性

广播与其他媒体相比，满足了人们一种独特的需求——想法。随着科学

技术的发展，人们通过技术手段将复杂的东西简单化，大大便利了认知。通过图像，我们可以了解世间的万事万物，但有些过于抽象的事物很难通过图像的方式呈现，如智慧、情感、道德、信仰等。这时我们可以通过语言来很好地表达观点、陈述概念。所以，我们要想阐明想法和观点，广播是理想的选择。

在收听广播的过程中，虽然眼睛一刻不停地在看事物，但听众所看见的与所听见的并没有太大的关联，所以超越影像的内容，包括一些看法和想法，适合通过广播进行解读，有的甚至可以深度探索。所以，广播具有一定的思想性，能将复杂的、抽象的知识或观点客观地传达给听众，听众也能通过听来实现一些话题的深入探讨。

广播的思想性在当代社会中也展现出巨大的优势。面对新兴媒体带来的海量信息，用户会产生超负荷感，也会对信息产生焦虑。广播可以将大众从纷繁复杂的视觉中解放出来，使其专注于听觉体验。尤其是现代制作的广播，内容、形式多样，品质好，能将听众从纷繁复杂中解放出来，引导听众的价值观、思想观念与主流价值观、思想观念契合，成为当代的智慧媒体。

（三）广播的想象力

广播是介于思想与感觉之间的媒体。要获得感觉，升华思想，听众需要通过想象实现，所以广播是想象的媒体。广播的输出只有声音，现代技术可以提升音质、音效，加入背景音乐，使听众获得美好的体验。但听众只是得到了声音，不得不通过声音去想象所谈及的事物，构建听觉形象，获得听觉感悟。

声音的抑扬顿挫、高低起伏都会激发听众的想象，调动听众的情绪。对于听众来说，想象的范围是不受限制的，但会受到时间、地点的影响，有时同一个人在不同时刻听到同一种声音也会产生不同的想象。如果说电视是对客观世界的再现，是实体的再现，那么广播产生的想象则是对想象实体的再现，这样的再现是现实中不可能出现的场景。总之，广播为听众创造了无限的遐想空间。

对于剧院、电视和电影来说，我们很少有机会去发挥视觉想象力，因为我们正在观看，视觉已经完全为外部的图像所占据。而广播则不同，广播依赖声音，不仅可以唤起听众的多种感受，还具有不同于普通意义上的视觉功能的内视功能，内视能力依赖想象力。所以，广播通过听觉，使人产生更多的联想，将人引向深层次的情感记忆回视、理性思索、内省。

故事广播节目有利于想象力的发挥，当代广播用于儿童睡前故事有了较好的收听率。儿童本身想象力丰富，具有情节性的声音可以充分激发儿童的想象力，让儿童在脑海中产生画面，感受奇妙的世界。当代各种动画、视频充斥在生活中，很多儿童沉溺于手机、电视，以致过早近视，而广播通过声音来激发儿童的想象力，通过声音让儿童学习相关的知识，可以说是一种绿色的、益智的智慧媒体。

（四）广播的情感性

广播虽然没有视觉带来的直观，但是可以通过声音直抵听众的心底，满足听众特定的心理需求：有的人从广播中获取心灵上的共鸣，有的仅将广播作为媒体伴侣。好听的声音、优质的内容、热点题材等都能从不同侧面契合听众的心灵，使听众从现实生活中解脱出来，回归内心的一种自由。

一般来说，听众与自己喜爱的广播节目之间通过情感来维系。对于广播来说，能完成清晰的定位，做出优质的内容，在很大程度上就能吸引众多目标听众。听众收听节目时，就好像与播音主持人面对面交谈一样。现代广播越来越注重与听众的双向互动，通过电话连线、求助热线、留言等方式来增强听众的黏性。

广播在当代依然具有广阔的市场，可以使人深度参与，主要表现为年轻的一代能从广播中获得独处与思考的机会。同时，广播的内容又是迎合当代人发展需求的。研究发现，通过听觉传递的信息比通过视觉传递的信息敏感，如广播在夜深人静的时候，与人沟通时更具有情感性和亲和力。听众独处的时候收听广播，会有一种全新的体验，在广播中很容易找到共鸣。

广播的情感性还表现为广播主持人成了节目与听众的情感纽带。一方面，广播主持人需要将节目内容用恰当的方式传达给听众，直击听众的内心深处，引起共鸣；另一方面，广播主持人又是一个独立的个体，需要将个人的形象、价值观等传递给听众，这样听众就获得了双层的情感价值。尤其是著名的主持人，从他们身上我们可以看到人类宝贵的品质——乐观、积极、开朗、沉稳、幽默等，这些都成为广播节目广受欢迎的重要原因。无论是传统的广播，还是新媒体时代的广播，情感性一直是维系听众的纽带，带动节目朝着越来越人性化的方向发展。

二、广播的媒体时间

广播不像报纸那样，有看得见、摸得着的文字或者图片，广播内容的载体是时间，广播内容需要按照 24 小时制进行编排，根据广大听众的收听习惯来生成不同的广播节目。听众根据电台生成的节目单，选择喜欢的节目进行收听。因此，时间对广播来说至关重要。

（一）信息社会对广播的颠覆

随着人类社会的发展，人类的时间观念也在不断变化，不同的社会衍生出不同的时间观念。发展到信息社会，广播、电视依靠数字化、网络化技术，在技术层面有了提升。广播、电视通过组织内容、编排节目、时间管理等，实现了时间参考标准的转化。新媒体的出现使听众有了更强的自主性，听众可以根据自己的时间收听相应的节目，大大降低了错过节目的概率。

新媒体具有诸多的优势：新媒体具有较强的互动性，不仅实现了听众与电台的互动，还实现了听众与听众的互动，使他们交流的机会增多；新媒体具有个人性，个人能根据自己的喜好自由地选择节目，其自主性得到提升；新媒体还具有开放性、便捷性的特点，可以超越时空的局限，实现随时随地收听广播。新媒体同样颠覆了广播按照时间进行线性传播的被动局面，使广播表现出极大的自由。我们可以看到，新媒体时代，广播发展拥有很多机遇，当然面临的挑战依然严峻，需要从媒体时间的角度来探索未来的出路。

（二）广播的时间规则

新媒体时代的广播时间不仅表现在技术层面，还表现在广播的内容层面：一切内容的运作都需要建立在时间维度上，需要遵守时间规则。在编排广播节目内容时，应当做到以下两点：

1. 保证听觉信息的有序性

广播需要遵守时间规则，即所编排的节目在 24 小时内，而时间并非有形的，而是转瞬即逝、不可触碰的。所以，广播节目的设定要注意时间的安排，在自然流淌的时间中，实现听觉信息的有序传播，最终达到预期的传播效果。

（1）降低听觉的不确定性。广播要求文本简洁、明了。声音在说出来时就已经成为过去式了，听众只有一次听的机会，所以文本要简洁明了，一听就懂，这样听众才不会因为思考而错过了内容，客观上提升了广播的传播效果。

（2）树立"路标"意识。所谓"路标"意识，就是提醒受众此刻的内容及下一时段的内容。电视的可视化可以将预告节目投屏，观众一目了然。广播因为只有声音媒体，所以只能靠声音来说明。广播要向听众传达正在播出的节目的名称以及时间，对播出的内容要进行关键概括，还要传达后续节目播出时间及内容的预告。

（3）努力提升广播的感染力。依靠新媒体，信息的瞬时性大大增强了听众的心理感受。广播应朝着现场直播的方向发展，未来朝着常态化方向发展。听众通过广播直播，充分发挥想象，有如身临其境，这满足了他们对即时信息的渴望心理。

2. 格式化广播

传统的广播需要和电视一样按照一定的时间规划进行传播，听众需要在特定的时间内收听节目，如果错过了收听时间，就错过了精彩内容。随着现代技术的发展，广播领域开始寻求打破时间规则的格式化广播。所谓格式化广播，指的是通过设立格式化电台、类型化电台，淡化广播节目以及主持人的特点，对节目内容及播出时间进行整体规划，打造出类型化的电台。格式化广播中，听众可以在任意时间选择自己感兴趣的节目进行收听。在视频广受欢迎的今天，格式化广播不仅节约了成本，还满足了听众多元化的需求，成为广播生存的重要途径。

格式化广播产生于 20 世纪 60 年代的美国。美国广播尝试在广播新闻时加入流行音乐，在广播气象时采取一定间隔时间的滚动播放方式，结果受到了上班族的广泛欢迎。例如，当时美国最大的新闻台——1010WINS 电台，每 20 分钟播放一条重要的新闻，平均每小时播放 6 次天气预报，每小时专家会对天气进行 2 次点评，每小时还有 1 次专家点评体育。1010WINS 电台对自己节目的定位为"给我 20 分钟，我给你整个世界"，听众边开车边了解新闻、天气、体育等，这种广播形式在当时轰动一时，为有车一族提供了便利。

格式化广播从本质上讲，只是改变了广播的形态，并没有超越广播的类型。一般情况下，格式化广播优先用于新闻广播和资讯广播，其次是音乐广播、文艺广播。格式化广播可以满足听众随听随新的需求，在时间上不受限。但格式化广播也存在缺陷：滚动广播常常只能部分更新，对于有较多时间收听广播的人来说，多少有重复感，容易对内容产生厌倦。

我国广播也进行了格式化尝试，多运用于新闻、咨询、音乐广播（表1–1）。

表 1-1　格式化广播尝试

分类	时间	电台	内容
音乐类	2003 年 4 月 16 日	国际流行音乐频道	全天滚动播放流行音乐和热门金曲
	2004 年 6 月	湖北音乐广播	"FUN MUSIC RADIO"
新闻类	2004 年 1 月 1 日	上海东广新闻台	全国第一家新闻类的格式化广播
	2007 年 1 月	江苏新闻广播	滚动播出新闻模式
资讯、财经类	2005 年 9 月 28 日	中国国际广播电台	"环球资讯广播"开播，成为中国第一家资讯类格式化广播
	2010 年 12 月 16 日	中国人民广播电台的《经济之声》改为《天下财经》	实行 24 小时滚动播出，突出资讯和评论

　　格式化广播的发展容易同质化，常常是一个电台成功了，其他电台争相模仿，导致各电台在内容及形式上趋同。后期电台之间的竞争不再注重内容、质量的提升，而是抢占受众，只要做到听众不关掉收音机就可以了，这样的做法使得格式化电台越来越趋于程式化，缺乏应有的思想与情感维系，最终也会失去听众。在我国，格式化广播的探索仍然处在起步阶段，未来需要探索出适合受众群体的具有独特风格的广播内容。

第四节　广播的未来发展

一、广播的未来发展方向

（一）节目形态上的创新

　　就当前的广播节目而言，广播节目大多保持着原有的节目形式，没有真正的创新，因此广播产业的发展显得后劲不足，无法引领传播领域的发展。广播节目形态上的发展应当适应时代潮流，创新节目形态。

　　通过分析当前广播节目的内容现状和梳理当下广播的发展形势，不难看出，现今的广播节目仍在使用传统的节目形式，广播产业对节目形态并没有起到引导发展的作用。在当下互联网技术快速发展的社会环境中，要想突破广播传播方式的瓶颈，就必须从广播传播的形式、内容与方法上进行积极的创新。例如，借助各种新媒体传播平台扩展传播渠道，丰富传播手段；借助插播广播图片与视频，促进广播节目的创新发展。当下，要想发展更有效的网络传播方式，还应从提高品牌知名度和设计新型移动广播 App 两方面着手。

（二）做好自身定位

精准的定位是产业发展的根基。广播传播方式要想实现自身的发展，必须找准自己的定位，不断地赢得更多的广播受众。除此之外，广播传播方式还应该与其他新媒体合作，实现传统广播方式、广播内容的创新。

（三）加快广播技术建设

广播是四大传统媒体之一，与新媒体相比，它存在很多劣势，如传播速度慢、制作技术低、互动性差等。广播节目要想在互联网技术极度发达的当代寻求发展，必须对现有资源进行有效的整合，通过引进先进技术，并加快广播技术建设，实现广播电台的全面发展。

（四）创新服务模式

与其他传播方式相比，广播传播方式存在受众反馈方面的优势。现代广播传播方式应注重构建自身的品牌，必须通过技术的革新，给予受众不断更新的使用感受，在受众反馈的基础上对广播节目、广播内容、广播形式进行有效的改进，从而满足不同层次受众的需求。

二、未来新形势下广播的发展趋势

（一）通过网络实现广播节目的新播送

如今，网络技术飞快发展，丰富、繁杂的信息资源充斥着整个社会。如果广播类节目想脱颖而出，就必须引进新技术，进行创新，创造机会。广播类节目与网络技术是相互竞争、相互促进的关系，网络技术可以为广播类节目的创新发展带来新的机遇。例如，网络技术可以为广播类节目提供大量的文字、图片、声音等素材，大大提升广大受众对广播节目的认可度，促进两者之间产生有效的沟通。在互联网技术的辅助下，新型网络广播逐渐产生，能通过新媒体将人们想要的信息以文字、图片结合音频内容的形式呈现出来，实现广播节目的创新。

（二）新型同步调频广播的发展

借助互联网技术，传统媒体实现了自身节目类型的新变化，如公益广告移动终端、公交移动电视等。这种借助新媒体促进传统媒体发展的方式已经获得了受众的普遍支持。受众从一开始被动地接受新媒体的传播内容转变为现在主动地获取新媒体的传播内容，并能够借助新媒体去学习知识、判断事物。新媒体已经对千千万万的受众产生了难以估量的影响。在信息爆炸时代，广播应突破发展瓶颈，借助新媒体的优势，尽情地展现自身的特有优势。

（三）数字音频广播的研究与改进

调频广播出现之后，从业人员就开始着手研究新型的广播传播方式，数字音频广播（DBA）应运而生。DBA 在原有的广播技术基础上采用新方法，对现行广播技术进行了研究和调整，逐渐形成新型的数据化处理方式，目前的广播技术实践已经取得了令人较为满意的效果。与此同时，DBA 还具有一些独特的优势，如在特定环境下具有立体声的传播效果，在进行广播节目传输的同时能够对节目的内容进行附加信息的添加，等等。结合多种新型技术的应用，DBA 传播方式已经吸引了大批的受众。相信其在未来的传播过程中能够吸引更多的听众。

（四）为特殊情况和特殊人群建立专门的应急广播

广播的传播方式自诞生之日起，就伴随着人们。年纪较大的受众会更倾向于使用广播，而不是想着去适应新媒体。所以，仅仅从受众的角度来说，广播的传播方式仍然有着较大的发展潜力。广播今后的发展方向之一是为一些特殊的人群提供专门的应急广播，如遇到自然灾害时，可以通过广播来保障人民群众的利益。

第二章 新媒体时代广播的受众

从广播被使用开始，其受众在较长的一段时间内处于被动接收的状态。随着社会的发展，广播也发生了变化，影响着听众的规模及结构，广播领域的不断竞争也不断催生出满足听众各种需求的广播形式。

自媒体时代，受众使用媒体的方式发生了根本性的变化，与互联网共同成长的新生代都在新媒体技术的影响下，改变了生活方式，在信息方面可以选择的权利也越来越大。人们可以根据自己的喜好选择信息，这扩大了听众的自主权。

第一节 广播受众的变化与基本特征

一、广播受众的变化

(一) 广播接收模式的变化

自新中国成立之后，广播的应用拓展到全国范围内，其传播的方式为组织传播和系统传播。广播的听众通常按照系统和单位组建收听站或收听网进行收听。之后，广播在计划经济时期是全国性的、具有告知功能和协调功能的信息传播工具，具有权威性。

新中国成立后，广播的收听工具、收听质量在不断变化，主要有以下几个阶段。

1. 新中国成立初期

这一时期，广播的收听工具是有线广播喇叭，通常广播里播什么，老百姓就听什么，受众处于被动地位。

2. 20 世纪 60 年代

这一时期，电子管、晶体管收音机兴起，广播在技术上有了改建，大大提升了收听的质量，听众可以在有限的频道中选择喜欢的内容进行收听，其主动性得到提高。

3. 20 世纪 70 年代

这一时期，广播迎来了大发展，成为当时拥有受众最多的媒体。在"文革"时期，广播充当着宣教的工具。改革开放之后，媒体领域不断发展，广播也有了变化。随着新媒体时代的到来，听众可以根据自己的喜好来选择喜欢的内容进行收听，广播的内容不断细化，逐渐向专业化方向发展。

（二）广播受众主体性地位的重构

新媒体时代，广播受众的变化主要表现为受众的主体性地位凸显。广播的内容制作者根据受众的喜好及社会关注程度制作特定的内容，但这些内容是否有价值、是否受到广泛关注，关键还在于受众。受众地位的提升还表现为新媒体的传播技术带来的传播渠道、传播策略及传播方式的创新，这些都极大地满足了受众的需求，受众的主体性地位提升到了前所未有的高度。

就传播来看，受众的主体性地位经历了固有—丧失—重构的过程。早期，信息的交流主要通过动作、声音等方式进行。之后，文字的产生使得传播者与接受者之间实现剥离，昭示着以传播者为中心的时代的到来。活字印刷术的出现使得更多的人有机会阅读，并产生新的思想。报纸的出现进一步提高了新闻信息的传播效率，开启了大众传播时代。

到了 20 世纪，电子传播媒体大力发展，广播电视成为这一时期传播的主要工具，掀起了人类传播的新浪潮。在这一时期，电子传媒各方面逐渐完善，并且凭借着技术一直把持着话语权，广大受众可选择的范围较小。

到了 21 世纪，随着网络技术、信息技术的发展，网络媒体高度重视视听体验，通过整合视听符号，将声音、文字、画面、视频相融合，打破了各传播符号之间的壁垒，给观众带来了全新的体验。新媒体时代还将互动推广到人与人、人与机器、机器与机器之间，更加重视受众的个体体验。新媒体时代，大众传播朝着受众主体性的方向发展。

广播的发展应当且必然要走向以听众为主体的道路。20 世纪 40 年代，使用与满足理论强调从受众的需求出发来探索大众传播的方向。该理论认为，受众之所以选择一个媒体，是因为个人的需求，如果不需要，就不会强制去接收，所以无论在社会发展的哪个阶段，受众的主体性地位都一直存在，只是存在感具有强弱的差别。要想从根本上发展受众，则需要迎合受众的心理，这样才能走进受众的心里，通过感情维系受众。新媒体时代的信息获取给了受众极大的便利，人们获取信息的途径变得多样化，且希望获取的信息有实际用途，并希望控制信息的来源。

综上所述，传统的广播是单向的线性传播，通常话语权掌握在传播者手中，而较少考虑受众的喜好，因此听众处在被动接受的状态。加上以往的互动机会较少，听众只有两种选择——听或者不听，广播台很难根据"民意"来调整节目的内容与形式。新媒体时代，技术的变革带来了受众的主体性回归，受众可以根据自己的喜好主动选择广播内容，同时通过互动推动广播内容朝着受众感兴趣的方向发展，大大提升了广播节目的竞争力。这一时期，传播者与接收者处于平等的地位，两者之间的联系日益密切，从而确立了以受众为主体的现代传播理念。

二、广播受众的基本特征

新媒体时代，大众媒体的受众群体规模较大、爱好广泛，同时具有分散化的特点。与其他媒体的受众相比，广播受众具有特殊性，主要有以下特征：

（一）受众的碎片化接收信息特征

第三次工业革命推动世界向前跨越式发展：一方面，第三次工业革命带来了科技的进步，带来了生产力的发展，推动社会进入信息化、网络化时代；另一方面，第三次工业革命又将每个人带入了碎片化的浪潮。碎片化的传播、碎片化的时间、碎片化的信息……"碎片化"成为当代的标签。碎片化打破了完整，在认知上将造成以下后果：

（1）注意力不集中，集中的难度加大。

（2）受众的阅读习惯变差，阅读能力减弱，耐性不足。

（3）很难进入深度思考，思维的惰性增强。

（4）认知能力变差，认知负荷加大。

在"碎片化"的社会，受众的需求呈现出两大特点：首先，受众的需求日益多元化，受众希望从信息中找到更多符合自己心理的信息；其次，受众接收信息的环境发生变化，受众希望根据自己的时间来获得信息。

受众碎片化接收信息，由此形成了碎片化的消费形态。在电视出现之后，在较长的一段时间里，受众阅读报纸和收看电视的时间占比很大，听广播、阅读杂志的时间比例随之下降。随着信息技术的发展，受众的需求发生了改变，收听广播、阅读杂志的时间比例又有了较大提升。

电视、报纸时代，受众被大众媒体垄断，处于被动接收信息的状态，但这并未持续多久。随着私家车数量的增加，听众更愿意利用碎片时间在路上收听广播。另外，杂志也在不断改革，其内容朝着专业化方向发展，聚拢了一些精准的受众群体。媒体市场格局朝着迎合受众多元化发展的方向前行。新技术是提高受众主体性地位的前提，同时为各大传统媒体提供了创新的条件。

（二）受众对媒体的多样化选择

新媒体时代，媒体发生了巨大的变革，也影响着广大受众接收信息的方式及习惯。面对海量的信息，受众并非选择单一的媒体，而是根据习惯选择多种媒体。根据观看内容的特点选择媒体，这就是受众对媒体的多样化选择。

通过报纸、电视、互联网、手机、杂志等来接收信息的群体被称为全媒体复合受众。通过调查发现，每一个媒体都有其自身的优势，并找到了相应的受众群体，受众使用各媒体的用途各不相同，具有以下特点：

（1）受众更偏向于使用新媒体，对新媒体的兴趣高于传统媒体。

（2）App、电视是受众使用频率最高的媒体，如受众通常从新闻 App 上获取新闻和资讯。

（3）微信朋友圈成为表达个人观点和传播个人信息的重要渠道。

（4）在信息源的可信度方面，政府网站和传统媒体占有明显优势。

（5）互联网对公共事件的态度影响最大。

（6）手机成为受众接收信息的主要工具。

（7）媒体接触、信息获取渠道对社会情绪、个人态度有着不同的影响。

新媒体技术的发展带来了接收终端的移动化，使得受众接收信息不再受时空限制，而是具有移动性特征。受众可以根据不同的场景切换媒体，自主选择的空间变大，如在公交、地铁上可以选择用手机观看电视剧，回到家中在电视上观看。

广播的受众群体与电视、互联网相比，数量上不占优势，但广播的听众对广播有着较强的黏性，其忠诚度远远高于其他媒体。广播的移动性并非在新媒体时代就有的，广播借助现代信息技术为听众提供了更多的便利，因此移动收听的比例在不断增加。

（三）受众收听的随意性

各种媒体对受众注意力的要求不同，不同的媒体有着不同的特点。拿纸质内容来说，受众需要集中注意力才能获得必要的信息，如果只是随意浏览，并不能得到有效信息；电视媒体要求受众必须坐在固定的场所观看，也需要集中注意力，但与文字相比，电视可以有游离状态。对于广播来说，听众需要借助听觉获取信息，但解放了双眼、双手、双脚，其自由度得到较大的提升。一般来说，听众在收听广播时有以下几种状态：

（1）注意力集中，全身心投入其中，专注度较高。

（2）一边做手头的工作，一边收听。

（3）完全无意识收听状态，即声音流。

广播节目多样化，广播既提供需要听众集中注意力的节目，如新闻、天气、交通节目等，也提供一些无意识收听的节目，如音乐广播不仅可以伴随着听众做手头的事情，也可以让听众专注听歌词、品味旋律，还可以让听众在无意识状态下收听，此时广播节目充当一种音乐背景。

广播是独一无二的伴随性媒体，听众收听广播具有随意性，听众在忙碌的时候，可一边听广播一边做事情，在清闲时可以将注意力转向广播内容。

第二节　新媒体时代广播受众的现状

广播是产生较早的媒体，是当时受众获得信息最快的途径。广播可以将世界缩小，达到了用一部收音机了解天下事的目的。除了播报新闻外，广播也成为人们娱乐的一种方式。1922年，美国的赫伯特·胡佛在美国第一届全国无线电大会上说："广播的流行是在我对美国生活的观察中最令人震惊的事情。"广播改变了信息传播的方式，也使受众通过广播获取了更多的信息。

随着广播技术的发展，广播的内容呈现多元化，其功能也朝着多样化方向发展。对于广播受众来说，广播不再仅是获取信息的主要途径，还是一个休闲娱乐的"伴侣"。

电视的产生一度使广播从最受欢迎的媒体滑到末端。电视不仅具有听的功能，更重要的是满足了人们看的需求，人们通过电视可以看到世界的每个角落。电视产生之初就迅速吸引了人们的注意力，广播失去了原来的吸引力，有的人甚至断言广播将会消失。为了扭转这一不利的局面，广播开始利用新媒体技术进行改革，在内容上，广播也开始关注听众的喜好，以受众为中心来制作节目，这在一定程度上挽回了一定数量的听众，但形势依然不容乐观。之后广播开始走专业化道路，通过专业细分锁定精准客户，使得听众重新回到了广播身边。

在新媒体时代，我国广播受众的现状如下：

一、移动收听成为收听广播的主要形式

移动收听实现了听众可以在各种场所收听广播，听众可以在汽车、地铁、火车等交通工具上收听，也可以在上班、旅行、休息、徒步等过程中收听，听众的选择权扩大了。以运动为例，人们在锻炼身体（如散步、骑自行车、跑步、登山等）过程中，习惯收听广播也结合这一现象开发了一些适合听众在运动时收听的节目，使听众身心愉悦。

除了移动收听外，广播的性质也发生了改变。除了传播必要的信息之外，广播还成为一种陪伴。听众喜爱听的节目有新闻／时政类、音乐类、生活服务类、文艺类、财经类等。

二、受众收听的时间变化

当前的广播受众主要在三种媒体上消费：广播、电视、网络媒体。一天中听众收听广播有两大高峰时期，即 7∶00—9∶00、18∶00—19∶00（图2-1）。广播的收听时间在工作日和周末有着较大的差异，一般情况下，受众在周末听广播的时间较短，在工作日听广播的时间较长。

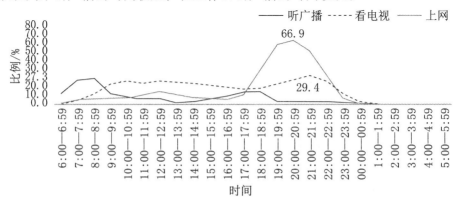

图 2-1　2017 年 12 个城市广播受众听广播、看电视、上网的全天分时走势

数据来源：CSM 基础研究数据

三、受众收听的工具多元化

当代广播受众收听的工具呈现出多元化的特征，其中手机成为人们收听广播的主要工具，除此之外，还有半导体收音机、MP3、MP4等。随着科技的发展，广播电台也将广播节目置于网络中，大大方便了受众的收听。一些城市还为广播节目设置了功能，使人们通过电视也能收听广播节目。

四、受众的人群变化

虽然新兴媒体发展迅猛，但在某些客观条件的约束下，传统媒体依靠自身基石稳固的特点，也可凸显出自己的优势。例如，在一些客观条件下，我们不能上网、看电视，这时广播就派上了用场。据统计，目前收听广播的主流受众有以下几类人群：

（1）没有手机、不能上网的人群。

（2）住校初高中学生（没有条件接触到手机和网络，往往会选择听广播）。

（3）老年人（不习惯看电视，往往会听广播）。

（4）移动人群（出租车司机、车主）。

（5）喜爱广播中固定节目的听众。

一般认为，人们收听广播有以下动机：

（1）了解新闻和信息。

（2）获取知识。

（3）娱乐消遣。

（4）交流情感。

近年来，随着手机、互联网的迅速发展及普及，人们可以通过多种渠道获得各种信息。除特定的人群外，人们对广播的需求已经不再是了解新闻和信息以及掌握知识了，受众收听广播更多的是出于娱乐消遣以及交流感情。例如，各地交通台的实时路况报道节目非常受欢迎，原因是司机受众群通过交通广播节目可及时了解当前城市的路况，便于出行；年轻人通过音乐节目点歌送祝福便是娱乐消遣的需求；电台的很多亲情节目可以满足受众与节目主持人互动交流的心理需求。

第三节　广播受众的重新定位

一、广播受众的移动化拓展

（一）当代城市的移动化生存

所谓移动化生存，指的是人们在日常生活中，为了完成某个任务，需要从一个位置变换到另一个位置，如上学、上班需要变换不同的场所。今天广播的大多数听众都是早出晚归的上班族，他们在上班的途中收听自己喜爱的节目，形成了广播的动态化收听模式。

2020 年 5 月 20 日，住房和城乡建设部城市交通基础设施监测与治理实验室、中国城市规划设计研究院联合百度地图慧眼发布了《2020 年度全国主要城市通勤监测报告》，该报告指出全国主要城市单程平均通勤时耗是 36 分钟，其中超大城市平均通勤时耗是 41 分钟，特大城市平均通勤时耗是 37 分钟，Ⅰ 型、Ⅱ 型城市平均通勤时耗分别为 34 分钟、33 分钟，见表 2-1。

表 2-1　全国主要城市单程平均通勤时耗

城市规模	研究城市	平均通勤距离 / 千米	平均通勤时耗 / 分钟
超大城市	深圳市	8.1	36
	广州市	8.7	38
	上海市	9.1	42
	北京市	11.1	47
特大城市	西安市	8.3	35
	沈阳市	7.4	35
	郑州市	8.3	35
	杭州市	7.4	35
	武汉市	8.2	38
	南京市	8.5	39
	青岛市	8.1	39
	天津市	8.5	39
	成都市	9.1	39
	重庆市	9.1	40

续表

城市规模	研究城市	平均通勤距离 / 千米	平均通勤时耗 / 分钟
I 型城市	太原市	7.0	31
	昆明市	7.5	33
	厦门市	7.1	33
	乌鲁木齐市	7.0	34
	长沙市	8.5	34
	济南市	8.0	34
	哈尔滨市	7.2	35
	合肥市	7.2	35
	长春市	7.5	35
	大连市	7.3	37
II 型城市	海口市	7.0	29
	呼和浩特市	6.3	32
	南宁市	6.8	32
	宁波市	6.6	32
	福州市	6.9	33
	兰州市	7.5	33
	银川市	8.5	33
	南昌市	7.0	33
	贵阳市	7.7	33
	石家庄市	8.3	34
	西宁市	9.0	34

注：1. 平均通勤时耗指的是单程平均通勤时耗。

2. 单程平均通勤时耗是一个综合体现，受城市空间、交通效率、宜居水平等因素影响。

3. 超大城市的平均通勤距离和平均通勤时耗的均值为 9.3 千米、41 分钟，特大城市的平均通勤距离和平均通勤时耗的均值为 8.3 千米、37 分钟，I 型城市的平均通勤距离和平均通勤时耗的均值为 7.4 千米、34 分钟，II 型城市的平均通勤距离和平均通勤时耗的均值为 7.4 千米、33 分钟。

城市的规模越大，上班族上下班消耗的时间越长，同时各种移动性的新媒体充斥着受众的生存空间，不仅在空间上有了拓展，在时间上也更加灵活，从而给广大受众带来全新的体验。

广播收听量增加的主要原因有以下三点：

首先，我国家庭购买汽车的数量逐年增加，有的家庭有 2~3 辆，有车一族成为收听广播的主要群体。当前国内的交通台几乎覆盖了全部的高速公路，人们在公路上可以听到广播。

其次，广播进一步扩展，人们在公交车上、地铁上都可以听到广播，这大大提高了广播的收听率。

最后，广播进一步发展，现已成为人们的一种伴随性媒体，人们可以一边做着手边的工作一边收听广播，正是这一特性使得广播不但没有因为视频的存在而消失，反而在新科学技术的推动下找到了更好的发展道路。

（二）广播受众的收听行为特征

（1）一般早晨上班时热衷于听广播。当前各媒体的受众存在高度的重叠，广播受众不仅消费广播，还消费电视、网络媒体等。在一天中，受众使用媒体具有时段特征。一般来说，广大受众在早晨时间收听广播的比例最大，白天以上网为主，晚上在路上收听广播又出现了小高峰，回到家中则以看电视为主，有的听众会在夜深人静的时候再听一会儿广播。总的来说，广播收听的时间主要集中在早晨，因为听众有了解新闻、天气等需要，更加倾向于通过广播获取信息。

（2）上网的时间多于听广播的时间。广大受众上网消耗的时间最多，其次是电视，最后是广播。

（3）倾向于交通类及省级电台广播。不同地域的听众有着不同的收听喜好，大多数听众喜欢听交通类广播，其次是央视的广播频道。交通类广播侧重于分析路况，同时涉及天气预报、区域新闻等，受到有车一族的喜爱。央视的广播频道在质量上是一流的，广大听众更趋向于选择品质高的广播节目。

（4）既爱收听新闻、时政类节目，也爱收听音乐、综艺、娱乐类节目。对广播受众性别、年龄进行分析后，我们发现广播的受众多为男性，其比例占一大半，且55岁以上的人较多，因此广播受众以男性、老年人居多为主要特征。这两类人都对新闻、时政类的节目感兴趣，除了新闻、时政类节目，他们还喜欢收听音乐、综艺、娱乐类节目。

（5）听众收听节目的忠诚度较高。研究表明，听众在上下班途中或者开长途车时收听广播节目的频率较高。一般，听众在上下班途中基本不会更换频道，在长途中会出于新奇而更换频道。在各类广播中，交通广播已经成为广播市场的主力。无论从实用性来说，还是从娱乐性来说，听众对交通广播的忠诚度超过了音乐广播及娱乐广播。

二、广播受众重新定位：新的聚众

广播产生较早，在较短时间内吸引了最广泛的受众，因此其影响力是很大的。电视的出现使得广播的影响力有所下降，人们更倾向于通过观看的方式实现信息的获取或者日常的娱乐。另外，从社会层面来说，市场经济的发展使得竞争成为一种机制，各大媒体之间的竞争日益激烈，分众理论进一步发展。所谓分众，指的是信息的传播针对的人群更加具体，面向的是有需求的群体，实现了有效的信息传播。到了新媒体时代，由于受众的碎片化的收听习惯，广播开始朝着个性化的方向发展，通过研究受众心理，打造相应的节目，满足受众的心理需求。专业化、个性化是广播当前发展的方向。现代广播利用现代技术开拓了更多的资源，使得广播数据库得到拓展，为满足听众的个性化需求提供了条件。广大听众不仅满足了个性化需求，还实现了与广播的互动。广播将审美、兴趣一致的群体聚拢在一起，从而实现了新的聚众，美国广播的类型化发展就是很好的案例。

（一）美国广播的类型化发展

广播在电视的影响下，采取的应对决策是细分听众，在内容上朝着专业化方向发展，在节目形式上朝着类型化的方向发展。目前，类型化广播成为美国广播的主流，甚至成为全球的广播运行形态。

美国广播在发展过程中，致力于打造广泛的、具有吸引力的节目来吸引最广泛的听众。广播节目内容丰富，音乐频道中还有诗歌、演讲、演说等内容。在美国经济大萧条时期，美国的收音机数量仍在增加，大部分居民会保证自家有一台收音机，即使收音机坏掉，也会攒钱将其修好。

在 20 世纪 50 年代，美国广播的受众开始大规模向电视转移，因为电视增加了视觉功能，在戏剧、表演、竞技方面占有绝对优势。这一时期，广播为了降低录制节目的成本，更多地选择录制音乐节目，这一策略体现在美国的南方地区。这一时期摇滚乐得到了大力发展，在摇滚乐风靡的背景下，几乎所有的电台都会制作摇滚音乐节目。

美国广播发展到今天，听众的多样化需求使得没有一个节目能满足所有人的审美需求，但每一位美国公民都可以根据自己的爱好找到喜爱的广播节目。可见，美国广播在节目细分上取得了较大的进展，使广大听众都能各取所需。

音乐广播节目的发展促进了美国流行音乐的蓬勃发展，在社会上掀起了音乐热，广播电台开始探索音乐节目的类型化，产生了类型化广播。音乐进一步细分出说唱、乡村、爵士、摇滚、古典、歌舞剧音乐等，音乐广播节目根据内容进一步划分听众年龄、审美、思维等，类型化广播所寻求的更多的是与听众灵魂的契合，提高听众的忠诚度。美国的广播非常发达，各音乐电台发展已经到了精专细致的程度，包含爵士台、蓝调台等，有的电台甚至是专门针对卡车司机的电台，已经发展到同一类型音乐下衍生出不同倾向的广播内容。例如，播放古典音乐的电台细分起来更加精细，有的专门播放肖邦的音乐，有的专门播放贝多芬的音乐……

听众的细分在一定程度上弱化了文化的功能，使得不同广播节目的内容没有相交之处，只局限于满足特定人群的需求。广播的这一发展现状是符合历史发展规律的，广播虽然可以将世界"缩小"，"藏"到一台收音机中，但并不能使听众同质化，逐渐向个性化靠拢是广播发展的时代要求。另外，广播与电视相比有很多不足，所以广播必须强化自我优势，发展多样化的节目，提供更具针对性、面向特定听众的服务。

（二）广播受众的聚众

新媒体时代的到来使广播的受众进一步细分，那么未来广播是否会朝着更细的方向发展？当听众不能再细分，广播是否就消失了？从现代媒体竞争来看，媒体竞争的本质是信息是否得到有意义的传播，所弘扬的价值观是否得到正向发展。媒体需要实现从分众到聚众的跨越，广播也不例外。"分"是从庞大、复杂的社会中划分出清晰的、有特征的群体，"分"的目的是"聚"，"聚"是将价值追求、精神追求等相似的人群以一定的内容及渠道，在一定范围之内聚拢起来。聚众的过程实现了从同质化的内容竞争转向价值追求上的竞争。听众在判断媒体的强弱时，不是按照时间的先后判断，而是按照内容的优劣来判断，这样就节约了听众判断内容优劣的时间，所以优质的内容加第一时间是媒体发展的目标。听众在获取信息的同时生成了对事件的认识，信息继续传播，经过多次传播，逐渐形成了审美一致、兴趣相投的聚合听众。

第三章　新媒体时代广播的传播内容

第一节　新媒体时代广播传播内容的变化

一、广播内容朝着深度解读、优质化的方向发展

当今时代是新闻业发展的黄金时代，各大媒体成为新闻、信息发布的平台，使得新闻、信息爆炸式增长，信息内容创作的规则和程序发生了根本性的变化。这对新闻信息提出了更高的要求。

（一）广播内容的专业化发展

就广播媒体而言，当前需要大力发展的是其专业属性。在海量信息存在的今天，信息传播者应当彰显专业品质，具备融合各媒体优势的能力，通过专注的精神、精致的传播方式、快捷的传播渠道等将优质的内容推送到受众手中。专业化体现在广播内容上，新内容的产生是基于多种因素综合考虑的结果，是在对广大受众心理的分析、对竞品的数据分析、对互联网传播规律的分析以及对现代终端接收工具相关数据的研究的基础上产生的，这样的内容具有专业性，更能激发听众的兴趣，使其积极参与其中。

（二）打造优质广播内容

在碎片化收听趋势的影响下，广播开发出了点播功能，进一步开发了场景化与付费内容，还推出了"知识网红"，在满足大众需求的基础上增强了互动功能。这里对广播的内容提出了更高的要求，广播涉及的内容要区别于一般的内容，需要具有专业性，还需要有一定的深度。特别是一些知识网红，他们擅长自己领域的知识，内容能明显区别于其他媒体。

二、广播内容以质取胜

传统媒体的评价机制多建立在数量上，数量、覆盖、广告产值等成为判断传统媒体价值的依据。新媒体环境下，数量增长的评价机制应当适当改变。在数量评价的基础上，应当向其他方面看齐，围绕新媒体的传播方式及受众习惯，促进评价的多元化发展。在评价机制上，质量至关重要。

媒体发展中以数量为依据和以质量为依据的评价标准有着本质的区别，当前媒体的评价标准仍然停留在以数量增长为主的评价机制上。要想适应当代互联网环境，媒体必须改变其评价标准。互联网的增量发展是一大趋势，在互联网的影响下，受众的习惯已经发生了变化，打破了传统媒体（电视、电台、报纸等）一家独大的局面。随着信息技术的发展，新媒体及用户原创内容（User Generated Content，简称 UGC）普及，新媒体具备了主动性和发言权，广告投放主由传统媒体转向新媒体。对于 UGC 而言，如果靠阅读量来评价，只会越来越被动。所以，当代媒体的评价指标正在转向质量评价。当前的传统媒体在融合的过程中，不能单纯地按照粉丝量来衡量，这只是表象。真正留住受众的仍然是质量，只有质量才能引发受众与媒体的深度共鸣，才能使受众在感情上与媒体产生联系。以现在使用频率较高的公众号为例，当前大环境下，公众号朝着用户细分的方向发展，其策划的内容及语言表达方式面向的是小范围的粉丝。如果为了追求更多的粉丝而盲目改变内容，迎合大众口味，很可能不但没能与大众建立关联，反而将这部分"铁粉"也流失掉了。所以，真正优质的公众号会清楚自己的核心客户是哪些群体，拓展的方向有哪些，进而通过提质来吸引更多的受众。

广播应当找到它的核心受众群体，在内容上以质量取胜，这样才能推动广播在新媒体时代的大发展。

三、广播内容的场景化发展

新媒体时代，各媒体之间的竞争实质是在微妙优势上的竞争。拿广播来说，高质量的电台之间的竞争只体现在体验感上，听众如果在收听过程中有所不适，就会换别的电台，手机用户则会果断卸载 App。广播节目的优劣大到内容是否优质，小到听众体验是否良好，都是决定听众选择与否的关键。有的广播电台通过突出某些优势来吸引听众，使听众没有机会去感受劣势，如在技术上的强调。有的广播主持人当前考虑的不是如何留住听众、如何内在影响听众，而是关注听众的第一印象，即如何在 3 秒钟的初步印象中取胜，否则面临换台的局面。

现代广播还强调场景化设置，场景化在信息传播的过程中有三大核心内容：首先，媒体与媒体之间的边界消失，出现了无处不媒体的现状；其次，广播的内容完全是围绕受众的需求，为受众量身定制的；最后，以现代技术为支撑，实现了内容与个体需求之间的统一，使得信息与消费达到统一。

对于广播来说，场景化的打造使得听众处在一种立体化的需求中。传统广播满足的是用户的平面化需求，现在需要满足的是用户的立体化需求。也就是说，用户的需求在预设的特定场景中被挖掘出来，或者听众所处的场景与广播节目融为一体，在这一背景下，收听广播成为一种风尚和自然需求，广播内容又是为听众量身定制的。广播未来的发展之路是特定场景下的广播的独特的媒体属性得到最大限度的发挥。

四、无处不媒体的内容解构

当前几乎所有的企业都在走媒体化道路，没有媒体能力的企业在现今很难生存，媒体也在企业化道路上摸索着前行。在新媒体时代，媒体与企业在不断学习，相互成就，无处不媒体的时代已经到来。无处不媒体并不是说大众媒体就不复存在了，而是大众媒体的领域发生了变化，传统的传播和消费方式已经发生了根本性改变，媒体属性最本质的部分已经成为社会发展的刚需。

企业的媒体化过程也是媒体的去中心化过程，如为了防止垄断，小程序的设置在微信中没有入口，公众号中也没有，企业要想获得关注，就要想方设法将自己的优势推销出去。这里，媒体在发展的过程中，尊重了互联网的核心，实现了媒体的去中心化。

媒体形态与媒体的本质是两个概念。很多人了解媒体形态，但并不了解或者并不重视媒体本身。不稀缺就谈不到媒体资源。对于媒体平台而言，今天所谓的媒体资源从技术的角度来看是"无限供给"，因此传统的媒体理论需要重新定义。能搭载信息的都是媒体，即从"即插即用"到现在的"即用即走"。用户不用关心是否安装太多应用程序的问题。"应用"将无处不在，随时可用，但又无须安装、卸载。

综上所述，未来的广播内容将会沿着以下三个方向发展：

首先，FM音频流将成为广播发展的主阵地。音频流强调的是广播的实时性，强调内容特征的凸显，如凸显新闻性、故事性、互动性、及时性、节奏性、场景化等，听众根据自己的需求收听节目即可。

其次，网络点播应用。对于权威及经典的广播栏目，可以开发网络点播应用，以方便听众收听。另外，还可以对节目进行细分，或者开发区别于线上广播节目的专门的点播平台。

最后，场景化发展。听众的场景千变万化，但又有迹可循，通常日常的生活场景经过归纳可以分为位置移动场景（高铁、公交、私家车、骑行等）、电子游戏场景、休假场景、逛街场景、聚会场景、独处场景等。广播媒体通过不同场景对广播内容进行调整，发挥其属性的优势，获得更多的忠实听众。

第二节　传播与对话——新闻广播

一、新闻广播凸显功能性

与电视相比，广播有着传播介质的优势，在重大灾害报道中表现出应急功能。

2008 年发生汶川地震时，中央人民广播电台启动应急报道机制，在较短的时间内推出了汶川抗震救灾特别报道——《汶川紧急救援》，从地震发生的第二天 7 点开始《汶川紧急救援》全天 24 小时直播，这是中央人民广播电台第一次开通 24 小时直播。《汶川紧急救援》记录了抗灾抢险的整个过程，累计播出时长超过 420 小时。当时，《汶川紧急救援》是地震发生后唯一畅通的媒体，是汶川与外界联系的高效媒体，广播充分发挥了动员及信息整合的功能。

2013 年 4 月 20 日，四川省雅安市芦山县发生了 7.0 级地震。在地震发生 18 分钟之后，中国之声的《新闻纵横》节目播出了地震信息。随后中央人民广播电台派 13 人组成应急小组奔赴芦山县，两个小时之后，中国之声进行《雅安紧急救援》24 小时直播特别报道。在 4 月 22 日早 8 点 30 分，"国家应急广播·芦山抗震救灾应急电台"正式开播，这是中国之声第一次以"国家应急广播"为呼号，对地震灾区进行定向报道的应急广播。在报道过程中，中国之声为向大众传递出"有温度的新闻"，掀开了中国广播的新篇章。

在灾难面前，中国之声快速启动应急措施，成为中国第一家启动应急报道直播、反应速度最快、报道规模最大、直播时间最长的强大广播媒体，彰显了广播在应急中的重要作用。权威性强、传播范围广、服务性强、指导明确等成为中国之声的代名词。另外，"国家应急广播·芦山抗震救灾应急电台"（图3-1）的开播，是国家在应急广播建设上的第一次尝试，标志着国家应急广播功能的拓展。①

图3-1　国家应急广播·芦山抗震救灾应急电台设备

在水灾面前，广播的力量也是不可替代的。当强降雨袭击，造成洪涝时，广播起着传达中央政令、发布洪涝信息、凝聚救灾力量的重要作用。

首先，广播传递着灾区的最新消息，通过现场直播及连线求助电话，了解受灾地点，获取联系方式，记录受灾情况，并及时连线当地政府或者一线救援人员，使求助人群获得最快的救援。广播在救援中直击防汛一线，播报最新的灾情，记录感人瞬间。

其次，广播陪伴着受灾群众。在水灾面前，广播可以及时播报路况信息，传递灾情应急的进展信息。有的农村地区通过运用"村村响"应急广播，组织劳动力、调集人员排涝、抢险及巡逻，加快了对受灾群众的救助。

最后，广播成为联结政府与人民的媒体。电波联结着守卫在抗洪一线的地方干部、救援官兵和受灾群众，联结着灾区与心系灾区的党和政府，联结着正在经受考验的灾区人民同全国各地关注灾区的普通群众。在抗洪救灾的特殊时期，广播传递着人间温暖。

---

① 刘照龙、李兴满：《从芦山地震看国家应急广播的建设与作用》，《中国广播》2013年第10期。

应急广播不仅是听众了解事件进展情况的窗口，还是给予受灾群众安慰的重要陪伴者。

二、新闻广播凸显故事性

新闻广播可以借鉴相声、评书等传统民间艺术进行播报。虽然新闻需要客观阐述事实，并不具有艺术因素，但故事化的叙述手法应当为新闻广播所用。新闻广播同样可以从国外借鉴经验。我国的广播与国际广播的交流日益密切，可通过学习国外的优质广播，特别是广播特写、广播纪录片等，突出音响的配音效果，在播音的过程中突出事件的故事性，给听众带来极大的兴趣。例如，一些记者将原来的长消息通过广播新闻特写的形式展现给广大听众，更加看重新闻广播的故事性。

新闻与故事之间有着密切的联系，清华大学国际传播研究中心的李希光主任曾经说道："好新闻作品的标准应该是清澈、简练、聚焦、有细节、有诱惑力，能唤起人们的情感。"单是有诱惑力这一点，就决定了广播内容不能枯燥无味，如果以故事带入，通过人与事将整个新闻串联起来，就容易吸引听众。只有充满故事性的广播新闻，才能激发听众的兴趣，进而唤起听众的情感，所以衡量新闻广播是否受欢迎的重要标准就是故事性。

在我国，《汉书·艺文志》中有"左史记言，右史记事"，无论记言还是记事都含有故事的成分。新闻也是故事，是实效性较强的故事。广播从故事性切入，提升了听众的兴趣，使听众更容易记住新闻里的人与事件。

当代广播的发展除了增强故事性之外，还多了细节性的描述，如荣获广东省残疾人事业好新闻二等奖的广播作品《"双跳王"刘辅梁》中的一段原生态细节描写：

2010年，刘辅梁参加广东省残疾人运动会三级跳远比赛，被正在选材的广东省残疾人田径队教练曾华卫看上。

曾华卫：（出录音）"他比较开朗，在运动场上不服输。这样一个运动员，挺适合我们这个专项的发展。"（录音完）

（训练现场）起跳声。

教练："要更快一点，步伐不用太大，关键是摆出去快，落地快、狠一点就行了。"

刘辅梁："知道了。"

刘辅梁的喘气声、跑步声、起跳声。

教练："对了。"（录音完）

对细节的描述增强了听众的场景代入感，使得这则消息更加直观、立体。细节描述使得听众的想象细化，其可视性特点得到增强，使听众如身临其境。

新闻的故事化表达并不适用于所有新闻，因为虽然故事化的新闻基本是按照新闻事实的原貌来写的，但与客观真实的叙述相比，故事化多少会使新闻的事实模糊化，有时语言掌握不到位的话，很容易误导听众。尤其是重大事件、严肃新闻的报道，故事化的处理就不合适。

三、新闻广播可视化发展

广播的可视化指的是"有关广播的信息可以通过视觉得知，或是通过视觉得知广播信息，从而被吸引去收听广播、关注广播"[①]。广播的可视化并非摒弃广播、投入电视，而是仍将广播归为声音，听广播仍是主流。

（一）新闻广播可视化的分类

新闻广播可视化可分为两种：现场直播、广播生产或参与视频。

1.现场直播

现场直播是在重大新闻发生时在现场设置临时直播间，对现场情况进行实时报道。广播将新闻的当事人与其他的要素融入广播。临时直播间的设置也会引起现场参与者的好奇，使其关注广播的生产过程，促进新闻现场人员转化为节目的支持者。

2.广播生产或参与视频

广播可以通过制作精美的海报或在视频界面添加小程序的方式将受众向广播引流。这种分流的方式可以吸引更多的广播爱好者。

（二）新闻广播可视化尝试

1.临时直播间、直播车的设置

设置临时直播间、直播车成为当代新闻广播可视化尝试的首选。新闻直播间、直播车不仅可以直观地报道新闻现场，还能让新闻当事人参与进来，增强广播节目的现场感，使节目有看点，具备生动性。在直播过程中，还有直播

---

① 梁海泉：《广播可视化的探索》，《中国广播电视学刊》2007 年第 2 期。

的其他人员在现场开展与直播有关的互动活动，吸引了广大听众的注意力。

例如，以中国之声为代表的各大广播电台在春节期间推出的春运特别节目，记者到各大火车站、飞机场进行现场直播，并在直播现场设置直播车及大型的展板，旅客可以到直播车前免费领取小奖品；直播还设置了春节寄祝福的环节，听众可借此传达自己对亲友的新年祝福。直播车形式的新闻广播不仅有趣，还以真人真事为案例，可信度较高。

2. 广播制作视频内容

广播制作视频内容与电视主持人使用手机等智能设备播报周围环境信息有所区别。广播节目的视频播出一般经过前期策划，拍摄脚本。另外，广播的视频是对内容的可视化，其目的是让广大听众通过视频画面获取声音之外的其他有用信息。

3. 广播与电视节目同步播出

2008 年，厦门广电集团新闻中心率先尝试将广播与电视节目同步播出，将电视新闻节目《厦视直播室》和广播新闻节目《厦广新闻》相联系，开辟了《996 电视连线》栏目。直播节目进入《996 电视连线》环节的时候，电视切换到广播直播间的主持人那里，电视上呈现出"双视窗"，使电视主持人与广播主持人共同出现在电视屏幕上。广播主持人通过说新闻的方式，将当天收集到的最有用、最及时、最精彩的信息通过广播与电视同步播出，时间一般在 5 分左右。若有突发事件，《996 电视连线》节目在广播的同时，还可以连线突发事件的现场来播报现场情况，实现了三方通话。

4. 广播的新媒体视频直播

有些广播与电视同步的节目采取的是新闻的不同形式的呈现，如中国之声关于 2016 年全国"两会"的专题报道《直通北上广》就增加了视频直播的方式，除此之外，还增加了弹幕互动的元素。在直播期间，该节目通过 5 个不同属性的网络视频平台进行直播：

PC 端网页直播——音频＋视频＋文字同步进行。

网易新闻客户端——导播切换＋文字＋互动。

"乐视乐嗨"直播——三路机位，网友自选。

"360 水滴"直播——弹幕互动。

优酷自媒体频道——采取画中画直播的方式。

该节目播出之后收到了良好的效果，用户增加。之后，中国之声直播间进行了全新的视频化技术的加持，增加了大屏幕，将数据及互动消息等投屏，大大拓展了广播的传播范围。

四、新闻广播的"长尾"文化

所谓长尾理论，指的是人们通常只能关注重要的人或重要的事，如果用正态分布曲线来描绘这些人或事，即关注曲线的"头部"，而忽略曲线的"尾部"，因为这需要更多的精力和成本才能关注到（图3-2）。当前的新闻凭借互联网的力量实现了传播的最大化，一些头部新闻吸引着广大受众的眼球，一些运营商倾向于头部内容的生产在一定程度上否定了长尾理论。

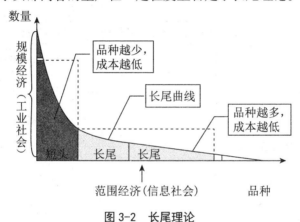

图 3-2　长尾理论

互联网时代，位于头部的是大众传播，位于尾部的是小众传播。在一定时间内大众传播获得了大部分流量，但大众传播在发展过程中出现了内容同质化的倾向，此时长尾内容开始成为广大受众关注的内容。

新闻广播在发展过程中逐渐向长尾文化发展，逐渐朝着关注微小个体的方向发展，对于舆论监督性质的新闻报道，根据议题生发议论，引起听众的注意。

第三节 大众与个性——音乐广播

一、音乐广播分类

音乐广播可从不同的角度进行分类。

从音乐类型的角度分类，音乐广播可分成三类：流行音乐广播、民族音乐广播、古典音乐广播。各种类型的音乐广播还可以进一步细分（图3-3）。

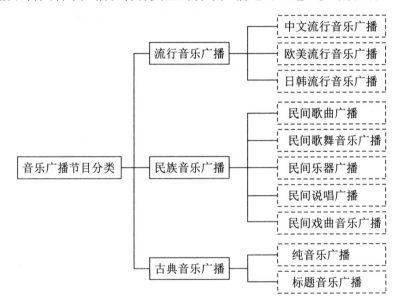

图3-3 音乐广播节目分类

音乐广播按照节目的形式，可分为欣赏性节目、知识性节目、报道性节目、评论性节目、教学性节目、服务性节目、调频立体声音乐节目、音乐广播剧等。

音乐广播按照节目的内容分类，可分为新闻实况性节目、知识教育性节目、作品赏析性节目、音乐戏剧性节目等。

音乐广播按照节目的样式分类，可分为伴随音乐节目、点播类音乐节目、类型化音乐节目、各国特色音乐节目、音乐情感节目、音乐排行榜节目、音乐主持人节目、音乐咨询节目、音乐娱乐节目等。

新媒体时代，广播与新媒体技术融合，其节目形式更加丰富。音乐广播正在紧跟时代发展的脚步，大胆创新与发展，打造出具有独特性及影响力的新型音乐广播形式。

二、音乐广播的节目创新

当代人获取信息的渠道广泛，促进了信息终端的多元化发展。听众的审美取向也在不断变化，已经不再满足于传统的歌曲罗列，介绍歌曲创作背景等，所以各大广播电台也在尝试打造有见地、高品质、正能量的音乐广播节目。

（一）使音乐广播节目更有意义

1.音乐广播节目价值观的宣传

无论是传统广播还是新媒体时代的广播都需要传递社会价值观，这一点在任何时代都不可改变。新媒体时代的广播需要发挥其社会功能，传播优秀的音乐文化，引领音乐潮流，弘扬社会主义核心价值观。另外，音乐广播所传达的内容与听众的日常生活相联系，宣传积极的人生态度，倡导阳光、健康、正能量，提倡社会主义核心价值观，响应和谐社会构建，这些内容都为社会主义现代化建设服务。

2.音乐广播节目的音乐表达

所谓音乐表达，是指通过音乐广播节目来表达节目主题，通过音乐表达思想感情，此时的音乐有如文字、有如主持人，可以向听众传达有用的信息，实现听众与节目的深层共鸣。类型化的音乐节目由主持人与音乐组成，音乐在音乐广播中所占用的时间最长，音乐在听众收听过程中成为"诉说者"。

新媒体时代，广大听众对音乐广播的需求呈现出多样化、个性化。从不同的出发点可以构建不同的音乐广播节目，通过这些节目传达特定的主题与情感。经典音乐广播引导听众回忆过往的美好时光，流行音乐广播释放青春与活力。用音乐表达音乐广播主题成为新媒体时代音乐广播的发展潮流，突出了个性化特征。

（二）类型化的音乐广播节目

新媒体时代的音乐广播崇尚个性化发展，同时为了迎合广大听众的收听习惯，已发展为类型化的音乐广播。类型化的音乐广播强化了音乐广播主持人的主体性地位，突出了主持人的个性与主持风格。类型化的音乐广播通常会压缩主持人主持的时间，每小时有 10 分钟。主持人的主持时间看似被压缩，实则是对主持人提出了更高的要求，即在 10 分钟内，主持人需要将所有的内容全部播报完，加上迎合广播节目的风格及分享自己的音乐感受，这些对主持人来说都是巨大的挑战。一方面，主持人要具备较高的专业素养，能应对各种突发情况，朝着"话少""话好""话精"的方向发展，只有那些优秀的、有着独特的音乐敏锐感的主持人才能在主持中脱颖而出；另一方面，主持人需要根据广大听众的爱好以及音乐广播节目的定位进行主持，逐渐形成独特的主持风格。

（三）音乐广播节目的文化建设

音乐本身属于一种文化，是文化不断发展的产物。好的音乐透过旋律、歌词、创作主旨等凸显文化魅力，揭示生活中深层次的文化，给人们带来思想上的感悟及文化上的启迪。

新媒体时代的广播进行了文化建设，有的音乐广播电台注重挖掘音乐背后的文化及人文精神，与国内外的文艺团队合作，播出精品文艺广播节目。例如，有的音乐广播节目挖掘古典元素，培养了一批爱好古典音乐的听众，在节目的内容及形式上不断创新，带给听众新的体验。有的音乐电台开发了具有欣赏价值和艺术价值的音乐广播节目，促进了音乐与文化的融合，通过音乐的审美特质挖掘其背后的文化精髓。

（四）音乐广播节目的互动性开发

新媒体时代，音乐广播节目在彰显音乐主题的基础上，还融入了游戏、新闻、真人秀、咨询等元素，增强了可听性。音乐广播节目所采取的样态就目前来看主要表现为大量不同类型和内容的互动主体单元与节目板块。例如，国内首档声音互动陪伴真人秀《朋友请听好》。该节目虽然以视频的形式展开，但是通过广播进行互动。它包含以下三个关键词：

声音互动——《朋友请听好》的核心是运营一个广播小站。在每一期节目中，三位主播和飞行嘉宾会以电台直播的形式阅读听众的来信，并和听众电话连线，以此来实现和听众的交流。不难发现，声音是这档节目的灵魂，电台则是互动的桥梁。

陪伴——《朋友请听好》海报上的宣传语为"用声音陪伴你"。出于这样的宗旨，节目中的广播站并非一个解决烦恼、提供答案的万事屋，而是一个倾听苦恼、陪听众唠叨的临时避风港。

真人秀——《朋友请听好》的定位为"慢生活"，其主旨和目的是轻松、治愈，无论从主持人选择上还是从场景选择上都突出了简单与轻松。

这档节目的制作与当下主流社交媒体的变化有着密切的联系：一方面，新媒体的发展无疑给广播带来巨大的挑战；另一方面，人们对声音的需求一直都在，而且并没有减少，所以耳朵经济存在着巨大的发展空间。

除了内容和形式上的创新之外，音乐广播节目还探索互动性交流。所谓互动性交流，即全国各地的听众和互联网用户不仅可以在网上实时听到自己喜爱的音乐台节目，还可以在网上查询往期节目，选择收听。北京人民广播电台音乐广播也积极探索与听众的互动性交流。北京人民广播电台的新官网推出的主持人 blog（博客）和播客两种形式的个性展示平台，增强了主持人与用户广泛的交互性。主持人不仅可以在自己的 blog 用文字记录日常生活中自己的心得体会，让用户与主持人近距离接触，走进主持人的日常生活，了解主持人被千万听众喜爱的背后的真实生活中的喜怒哀乐。同时，主持人播客更是主持人以声音魅力展示个性的地方，主持人可以录制一些独特风格的节目，将自己精灵古怪、鲜为人知的一面通过网络展示给众多的听众及网民。此外，通过不定期多种形式的主持人网上俱乐部活动，听众还可以与自己喜爱的主持人面对面畅谈心声，参加与主持人一起游戏、畅谈等各种见面活动，主持人也可借此提高自己在用户中的人气指数。

音乐广播还在节目的设置及时间上注重在黄金时段播放热门节目，增强与听众的互动（表 3-1）。

表 3-1　2019 年 8 月 19 日北京人民广播电台音乐广播节目表

节目	时间	主播
《光阴的故事》	00：00—01：00	王平
《爱乐之城》（重播）	01：00—02：00	于允
《永恒的魅力》（重播）	02：00—03：00	王卓
《古典也流行》（重播）	03：00—04：00	谷悦
《中国歌曲排行榜》（重播）	04：00—05：00	耿桦、齐麟
《爱乐之城》	05：00—06：00	于允
《六点活力派》	06：00—07：00	思萌

续表

节目	时间	主播
《早安音乐秀》	07：00—09：00	静娱、郭鹏
《汽车音乐汇》	09：00—11：00	滕兵
《带上音乐去旅行》	11：00—12：00	泽华
《你的故事我的歌》	12：00—13：00	思萌
《永恒的魅力》	13：00—14：00	王卓
《古典也流行》	14：00—15：00	谷悦
《和你一起唱》	15：00—16：00	戴艺
《能量音乐》	16：00—17：00	—
《娱乐最王牌》	17：00—19：00	白杰、艾珂
《中国歌曲排行榜》	19：00—21：00	耿桦、齐麟
《爱得更久点》	21：00—21：50	韩力
《北广生活时间》	21：50—22：00	—
《男左女右》	22：00—23：59	韩力

我国的音乐广播创新致力于个性化、市场化发展，进而打造差异化的广播节目，实现广播的有效传播。有的音乐广播将受众定位为年轻的群体；有的音乐广播追随世界流行音乐，吸引广大国外音乐爱好者；有的音乐广播同时打造经典音乐与流行音乐，打造时尚主流的音乐平台。

另外，音乐广播还从品牌活动上进行创新，开启了对音乐属性的品牌活动的营销，包括举办音乐会、演唱会，演出话剧、音乐剧，主办音乐节、文化节等，通过线上广播与线下活动密切联系了音乐广播的广大听众，也增加了广播和广告客户之间的合作机会，从而实现了依托广播发展的生态产业链的发展。其品牌活动不仅带来了品牌效应，还带来了社会效益及经济效益。

三、数字音乐广播

进入新媒体时代，互联网催生了一大批网民，人们听音乐的方式发生了改变，以往通过广播、电视听音乐，现在更倾向于通过网络听音乐，这使大批听众流失，给音乐广播带来了前所未有的挑战。新媒体对广播来说，也是一种机遇，音乐广播迎来了数字音乐时代。

（一）数字音乐概述

数字音乐指的是通过数字技术的处理，制作音乐、存储音乐并将其复制到互联网或者移动网络，使人们可以在数字化终端上听音乐，最终达到传播的目的。按照使用终端的不同，可以将数字音乐分为在线音乐与移动音乐，在线音乐主要以 PC 端（电脑）为终端，移动音乐主要以手机、平板电脑为终端。

数字音乐的优点是，它改变了物理媒体传播音乐的模式，实现了用户试听、欣赏、下载、购买的全新收听模式。数字音乐的本质特征是个性化播放、个性化需求、可分享。数字音乐可以根据用户的喜好及需求随意点播，打破了时间和空间的限制。尤其是移动音乐的产生，可以最大限度地实现音乐的陪伴功能。

传统广播运用现代数字技术不断创新发展，其改革主要有两方面：第一，入驻各类综合性的音频客户端，如现在流行的喜马拉雅 FM、蜻蜓 FM 等平台，通过平台来推广音乐广播节目；第二，各音乐广播电台也自己开发音频应用来投放音乐节目，常见的有中国广播网、阿基米德 FM、听听 FM 等。中央人民广播电台推出了"音乐之声"数字客户端，推进了音乐广播的发展。

（二）网络数字音乐的发展

第一家在线音乐网站——九天音乐网于 1999 年成立，标志着网络数字音乐的诞生。数字音乐在经历了产品创新、行业竞争、行业合并、行业重组之后，不断提升用户的体验，拓展音乐内容，实现了跨越式发展。数字音乐从初创阶段逐渐进入成熟阶段。

国家版权局网络版权产业研究基地发布的《中国网络版权产业发展的年度报告（2020）》指出了 2020 年网络音乐市场的三大特点：

首先，网络音乐用户小幅度增长，在线音乐演出市场快速发展。

这一时期，网络音乐的用户呈现出以下特点：

2020 年中国网络音乐用户规模达 6.58 亿人（图 3-4）。

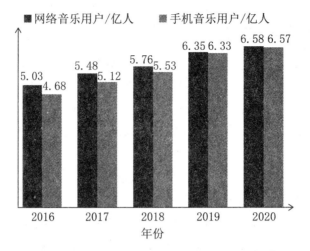

图 3-4 2016—2020 年中国网络音乐用户规模 ①

数据来源：CNNIC（中国互联网信息中心）、易观、腾讯研究院综合测算

网络音乐用户 2020 年较 2019 年同比增速仅为 3.6%，较 2019 年度 10.3% 的增速有明显回落。

2020 年网络音乐应用用户的黏性增强，人均单日启动应用次数增加，时间间隔缩短。

线上演唱会大受欢迎，不仅能传递正能量，还能抚慰人心，在线音乐演出市场快速发展。

其次，音乐平台多业态融合发展，版权生态建设日益完善。

2020 年中国网络音乐市场规模及音乐版权市场呈现出以下特点：

2020 年中国网络音乐市场规模达 333 亿元，同比增长 18.5%。

"十三五"期间，网络音乐版权市场日趋规范化，音乐平台向多业态融合方向升级，推动网络音乐市场规模增长 132%（图 3-5）。

---

① 腾讯研究院：《〈中国网络版权产业发展报告（2020）〉发布》，http://www.tisi. org/18884，访问日期：2022 年 2 月 16 日。

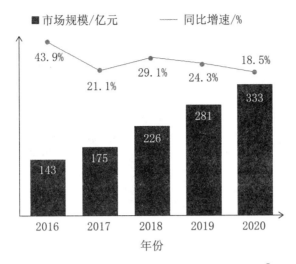

图 3-5　2016—2020 年中国网络音乐市场规模 [①]

数据来源：艾瑞咨询、中国音像与数字出版协会、腾讯研究院综合测算

注：网络音乐市场规模包含网络音乐平台流媒体播放、音乐下载、在线 K 歌及互动社交等业务收入，但不包括直播和短视频平台通过音乐业务获得的收入。

2020 年，网络音乐平台积极扶持原创音乐，与上游音乐企业加强合作，版权生态建设日益完善，与短视频和直播的融合更为紧密。

最后，用户付费意愿增强，付费渗透率和月均消费金额持续攀升。

2016—2020 年，网络音乐付费用户的规模及消费情况呈现出以下特点：

2020 年，中国网络音乐付费用户规模突破 7 000 万人，同比增长 6.1%（图 3-6）。"十三五"期间，用户付费率连年增长，2020 年付费渗透率达到 10.9%。网络音乐用户的月均消费金额持续攀升，从 2017 年的 8.5 元增至 2020 年的 9.5 元。

① 腾讯研究院：《〈中国网络版权产业发展报告（2020）〉发布》，http://www.tisi. org/18884，访问日期：2022 年 2 月 16 日。

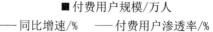

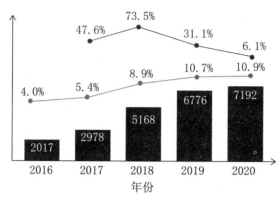

图 3-6　2016—2020 年中国网络音乐付费用户规模 ①

数据来源：CNNIC、艾瑞咨询、腾讯研究院综合测算

注：因中国网络音乐付费体系不断发展，此处主要指付费订阅（包月／包年／会员等）消费金额，不包括用户互动消费（个别平台无法切分的情况除外）。

　　回顾近几年数字音乐产业的发展情况，以腾讯、阿里、百度以及网易云音乐为代表的四家网络音乐集团占据着数字音乐市场，其用户资源及版权资源大多数集中于这四家，从 2021 年 1 月到 6 月在线音乐 App 上看，日活跃用户前五名为酷狗音乐、QQ 音乐、酷我音乐、网易云音乐、咪咕音乐（图 3-7）。

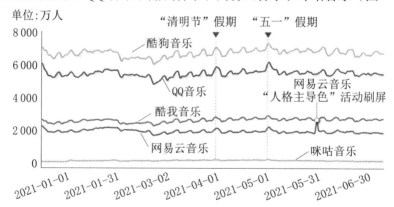

图 3-7　在线音乐 App 行业日活跃用户规模前五名（2021 年 1—6 月）

数据来源：QuestMobile TRUTH 中国移动互联网数据库，2021 年 6 月

集团化的数字音乐虽然仍然保持着旗下音乐产品的独立运营，但在版权

---

① 腾讯研究院：《〈中国网络版权产业发展报告（2020）〉发布》，http://www.tisi.
org/18884，访问日期：2022 年 2 月 16 日。

上进行了整合,实现了版权的健康流转,同时依托版权资源,赚取了丰厚的利润。听众也在这一过程中听到了高品质的音乐,体验实现了升级。数字音乐在新媒体时代通过与其他媒体的融合,可充分挖掘潜在的用户群体,如数字音乐与游戏、电视剧、电影等联动。

(三)网络数字音乐对音乐广播的启示

1. 音乐广播内容应当进一步细分,以适应当代听众

当前,我国的音乐广播划分节目的标准依然简单,新推出的网络音频节目、音乐应用等的类型化也较为模糊,有待进一步细分,音乐节目的品牌化意识薄弱,缺乏精品。广播节目应当突破传统的播出模式,发挥想象力,抓住听众的心理,开拓音乐广播的"后类型化时代"。

2. 音乐场景化开发

通常音乐与场景是密不可分的,音乐中有场景,场景中有音乐,音乐与场景融为一体,所以音乐广播应当按照具体的场景凸显音乐的场景化。一般听众收听广播的场景有地铁、运动、休闲、等车、做饭等,听众呈现出碎片化收听的特点。一般的收听渠道是智能手机,此外,可穿戴设备以及有车一族的车联网等也都是收听的渠道。

广播媒体尝试通过分析听众的数据画像来开发相应的使用场景。有的音乐电台除了设置常用的场景外,还进一步细分场景,打造特定的场景,如喝醉、反思等,从听众的情感需求出发,打造伴随性场景,大大提高了用户对音乐电台的忠诚度。

3. 提升听众的体验

数字音乐时代,音乐广播电台应当以大众审美为导向,真正满足听众的需求,力求达到与听众在不同场景下的多层次的共鸣,提高听众对节目的忠诚度。对于广播电台来说,广播的节目在制作、传播中要把握听众的需求,通过技术分析来实现数据支持,通过数据分析市场情况及粉丝,以此确定内容及传播形式,实现音乐广播电台的个性化,制作出更多贴近听众的节目,只有这样,才能与网络数字音乐共同发展。

第四节 娱乐与互动——交通广播

一、交通广播的现状

交通广播产生的时间较晚，但却是后起之秀，成为中国广播界的一个特别的存在。随着中国交通业的发展，交通工具的增加及道路资源的优化为交通广播的发展提供了条件。1983年，上海人民广播电台与上海交通警察联合开办了第一个交通广播频道——上海交通广播专栏，该专栏为广大听众提供专门的交通服务信息，之后其功能继续拓展，诞生了上海交通广播。在1993年，北京成立了北京交通广播，之后全国各大广播电台都开始建设交通广播。

（一）交通广播与新媒体

根据《地级以上广播电视播出机构及频道频率名录（截至2021年12月）》，我国的交通广播共计280个。

按照广播频道的名称及播出的主要节目内容分类，2020年各城市所有电台频道可以划分为新闻综合、交通、音乐、文艺、都市生活、经济和其他七大类，其中，新闻综合、交通和音乐类广播竞争力名列前茅。2020年调查数据显示，新闻综合类广播的收听份额最高，达到28.06%，较2019年同期增长了两个百分点以上；交通类广播的收听份额从2019年的29.45%降低到2020年的27.03%；音乐类广播的收听份额从2019年的22.22%提升到2020年的24.09%（图3-8）。

交通广播是依托城市及城市交通发展而来的，交通广播致力于为广大听众的出行带来便利，通常交通广播服务的内容包括路况信息、交通法规、交通管制、驾驶技巧、汽修汽配、汽车交易、汽车维权等。目前，交通广播所提供的核心服务集中在路况信息上，方便驾车人员避开拥堵路段或者事故路段，使其更快地到达目的地。交通广播为加强对路况信息的采集，将直播室设在了交通管理部门的监控大厅里，还开通了司机互动热线，提供所在地的路况信息，大大提升了路况服务。

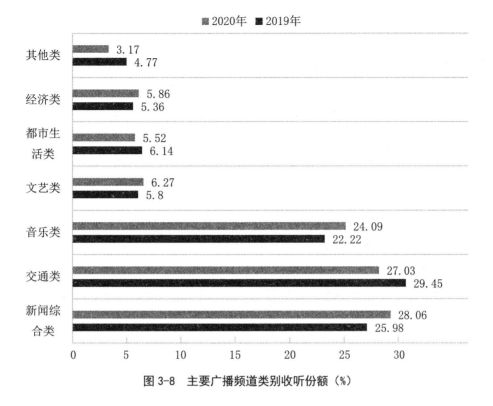

图 3-8　主要广播频道类别收听份额（%）

（二）交通广播内容现状

随着交通广播的发展，出现了细化的交通广播电台，如专门的汽车广播电台、私家车电台等，这在一定程度上加剧了同行业之间的竞争，有的地区交通广播内容同质化现象严重。有的频道为了获取第一手的路况信息，会通过出租车渠道、车友自建路况信息渠道获得信息，这在一定程度上给交通类广播带来了挑战。新媒体时代，移动互联网、大数据及云计算的发展促使交通广播的垄断地位消失，听众接收信息由原来的线性信息接收转向点对点的人际交互方式接收。大多数的有车一族多依靠地图软件判断路段信息，避免拥堵路段，但交通广播在这方面也有一定的优势，其互动功能是地图软件所没有的。此外，交通广播在提供路况信息的同时，还能激励有车一族感受美好的生活；交通广播在提供路况信息的间隙会播放歌曲，给听众带来精神上的愉悦。

新媒体时代依托互联网发展起来的车载移动音频受到当下有车一族的喜爱。车载移动音频的优势在于节目丰富，可供自主选择的内容很多，这些同样给交通广播带来了挑战，直接影响了交通广播的核心服务。

二、交通广播的亲民化倾向

以往，路况信息一般由交通管理部门负责，大多数的路况信息节目需要与交通管理部门合作才能广播，在风格上趋于严谨，虽然其信息具有一定的权威性，但随着有车一族的数量增加，车主越来越熟悉城市的交通状况，对避开道路拥堵有了一定的经验，如果广播电台总是千篇一律地播放严肃的内容，车主势必会转换频道，而去收听能使其产生共鸣的节目。所以，严肃的播报方式已经成为过去式，交通广播已开发出全新的形式来满足广大车主的个性化需求，亲民化就是一种很好的尝试。

例如，浙江电台交通之声生成了一个虚拟的形象路灵灵，通过路灵灵这一形象的塑造来进行人性化、互动化的探索，如路灵灵在某年第一个工作日的路况播报：

小雪怡情，大雪添堵。纷纷扬扬的雪花飘了一整天，201314 的早上除了浪漫还有啥？事故？堵车？抱怨？NO! 这些都不要！即使有冰冻，只要守法规、谨慎行，明天的早高峰一样能战胜!BUT，路灵灵希望，明早新手莫上路，老将小心开，的哥的姐拿出爱，老板领导后门开。新年第一个工作日，安全排第一。

富有现场感的话语，加上朗朗上口的语言，广播就如同一个朋友，给听众带来心灵上的安慰。有的交通广播尝试自建路况信息采集系统，通过出租车司机、车友电话连线、微信平台播报等方式来实时播报路况信息，大大扩大了信息的范围，也拓展了播报的形式。这种播报方式与传统的播报方式相比缺乏权威性，有的甚至有差错，但其亲民化的倾向赢得了听众的喜爱，听众若感兴趣，还会化身路况播报者，连线主持人，播报路上的突发情况。

三、交通广播的"IP"打造

互联网时代，"IP"带来的流量是巨大的，广播需要打造一个具体的、具有吸引力的"IP"。对于交通广播电台来说，要打造一个具有知名度的"IP"，需要满足两方面的条件：首先，交通广播电台是大众信服的权威性的公众平台；其次，交通广播电台要有一定的知名度，具有良好的品牌效应。

对于电台而言，不能简单地认为广播就是一个频道，它是融合了各种媒体的全新的互联网平台。人们通过收听广播，可以得到与其他媒体一样便利的信息。只有这样，交通广播才能异军突起，在竞争日益激烈的市场上获得成功。

贵州交通广播电台就进行了一次成功的尝试。贵州交通广播电台在广播的内容上进行了全方位的打造，主要从以下几点切入：

（一）优化节目形态

随着广播节目的发展，广播内容的同质化现象也日渐严重，有的节目为了追求互动效果，拉低了节目的水准。贵州交通广播电台从公信力角度出发，打造全新的节目形态，努力塑造"阳光、公益、爱心"的正能量形象，吸引了一大批听众。

（二）依照现代传播规律，做专业平台

一般的广播平台主张名人效应，通过打造知名的、具有个性化的主持人来增强节目的可听性，一旦主持人离职，将给电台带来巨大的影响。所以，贵州交通广播电台致力于用专业的知识、专业的精神打造专业内容，提高节目的整体质量。新的内容将以听众的大数据为基础进行针对性设置，同时以频道为方阵，对内容进行体系化打造，这样节目与节目之间环环相扣，为打造强有力的"IP"奠定了基础。

（三）专业、及时地报道热点内容

贵州交通广播电台在重要时间及重要节点上发挥了较专业的优势，将其公信力发挥到了极致，如贵州交通广播针对春运展开了全方位的策划，根据旅客的心理及需求进行精准定位，确定好报道主题。除了春运期间的日常资讯以外，还策划了以春运为主题的系列报道、短视频节目。贵州交通广播的这一策划突出重点，同时从多角度、多渠道进行宣传，取得了很好的收听效果。贵州交通广播在 2019 年中国国际大数据产业博览会期间，临时开设了《声动早高峰》《交通第一线》节目，电台记者前往博览会现场进行报道。大数据产业相关的内容较为抽象，对于听众来说缺乏趣味，电台针对听众的需求，通过有趣味、形象化的方式向广大听众科普大数据的相关知识。对于节日的策划，贵州交通广播电台注重全面、关注重点，从多个细节、多维度切入，如庆祝建党 100 周年特别策划节目，从不同方面阐述了中国共产党的正确领导。

（四）丰富多彩的线下活动

除了线上直播外，贵州交通广播电台还善于通过组织各种类型、规模

的社会活动提升影响力和听众的黏性，整合社会资源，提升服务水平。2019年全年，贵州交通广播电台共组织各类线下活动70余场。例如，3月，植树节前后，贵州交通广播电台联合贵阳市生态环境局修文分局举办"我为大地添新绿"公益植树活动，倡导绿色环保理念，吸引了500余位听众现场参与；9月是贵州交通广播电台周年庆主题月，其邀请80位听众一连五天"狂吃"五星级酒店自助霸王餐，打造了一场美食生日狂欢派对；11月，"畅行中国——全国交通广播记者探访贵州旅游扶贫路大型主题采访活动"在贵州安顺举行，贵州交通广播带领全国50余家媒体探访贵州名片，讲述发展故事。此外，更有"阳光车评榜""952亲子游""阳光助学公益""爱心车队"等已形成品牌效应的系列活动，使得阳光952的品牌深入人心。

通过全方位的发展，贵州交通广播取得了较好的成绩，从赛立信媒体研究的报告来看，2020年1—6月《声动早高峰》《音乐黑白片》《开心码头》《夜倾情》等王牌节目在车载人群中持续保持热度，收听率及市场占有率名列贵阳同时段第一位（表3-2）。《车世界》《952大当家》《美食辣嘴巴》等专业类型化节目也分别在汽车、家装、美食领域产生了很大的区域影响力；2019年7月新开播的《合伙人》《了不起的年轻人》节目从新视角、新领域出发，锁定了新的粉丝群，受到了广泛认可。

表3-2　2020年上半年贵州交通广播王牌节目在车载人群中的收听表现

节目名称	播出时间	平均收听率/%	市场占有率/%	同时段排名
《声动早高峰》	7：00—9：00	3.96	34.0	1
《音乐黑白片》	9：00—10：30	3.77	29.7	1
《开心码头》	13：30—15：00	3.55	30.2	1
《夜倾情》	22：00—24：00	2.29	29.3	1

第四章 新媒体时代广播的传播方式

第一节 广播内容生产模式的变革

一、广播信源结构的整合

信源指信息的提供者、新闻发布者或者报道者。由于人们一般根据信源的可信性来判断信息的价值，所以信源的可信性对传播效果具有重要影响，信源的可信性包括两个条件：一是信誉条件，即诚实、客观、公正；二是传播者的专业权威性，即了解详情，具备合理、合法的发言权，等等。在新媒体时代未到来之前，信源的提供者主要是政府机构、社会团体、企业组织，负责内容搜集及整理的是职业记者或者职业新闻者，受众处在被动接收的状态。

20世纪80年代，广播领域产生了"珠江模式"，其通过创新节目传播方式（使用热线电话的方式），大大提高了听众的参与度。随着时代的发展，广播与听众的互动不断增强，还拓展出更多的形式，这也显示出广播听众的主体性意识的觉醒——听众不仅收听新闻广播，还在一定程度上影响着节目的内容。到了新媒体时代，数字技术的提升为受众与信源之间搭建了高效的沟通机制，受众由原来被动接收消息变为全程参与节目的策划、互动，使得节目与听众的互动性到了前所未有的高度。听众有了极大的自由，不仅成为广播媒体的重要参与者，还通过现代互联网平台生产内容。由此可见，广播信源结构已经发生变化，并在不断整合中适应新媒体的发展。

新媒体时代，各大媒体开始为广大受众提供内容发布凭条，给公民以新的角色，即内容生产者。传统媒体的垄断地位发生变化，受众也可以参与新闻信息的制作与传播，有的还形成了个性化的个人"IP"，影响了相当一部分受众，对重要新闻、热点新闻能在第一时间发布，其中带有自我的判断。新媒体时代，新闻生产朝着公民化的方向发展。

信源结构的变化表现为新闻信息的议程设置功能受到了极大的影响。例如，当突发事件发生时，以往需要专业记者前往现场进行报道，现在主要通过专业记者与公民相结合的方式报道。突发事件发生现场的所有目击人都可以成为新闻报道的临时记者，其所发布的内容也成为新闻的重要组成部分。当突发事件发生时，公民可以通过互联网、移动设备对进程进行报道，表现出一定的专业水准。

从根源上说，信源结构的变化是受众在传播中的角色发生了变化。受众在传统的传媒行业中处在传播链条的中下游，其主动性表现较少，对于所接收到的内容可以选择收听或者不收听。新媒体时代，数字化技术及网络技术给传播领域带来极大的可能性，这种可能性表现为受众成为新闻内容的生产者与创造者。传统的媒体从广播内容的垄断者变为观察市场、注重受众分析的内容参与者，停止了对广大受众的说教，转变为"对话的场域"和目的地。现代广播将公民创作者与记者、编辑联系在一起，通过相互讨论，共同推进现代广播的发展。所以，广播的变革表现为"阅众参与""去中心化""平等对话"，内容的生产不再是传统广播的专利，表现出公民化的倾向。

二、信息收集渠道拓展

新媒体发展到今天，已经成为与传统媒体发展并肩的媒体。凭借新媒体，许多有深度的内容产出，同时一些弱势群体的声音得到更好的传播，现代传播也因此进入了公众化时代。从内容产出来看，一些较大的媒体也会借助网络平台去搜寻信息。在网上搜索中，如果相关的信息恰好是广大受众所关注的，就可以做大做深，这样很可能产出受众喜爱的内容。

常见的信息收集渠道主要包括以下几种：

（1）新闻线人。

（2）新闻热线或爆料。

（3）主动寻找。

（4）网络资源（如论坛、微博、网站、微信、平台短视频凭条等）。

（5）生活中观察。

当前双"V"（微信、微博）、短视频平台的兴起，使得信息源实现了多渠道化。例如，微博通过实名认证大大提高了信息的可信度，尤其是一些大V

博主，其微博内容覆盖的范围广，可以实现互动，受众通过评论区也能获得一些有用的信息，大大提升了信息的敏感度。当下的主持人、节目电台纷纷注册了短视频平台账号，制作相应的内容，以扩大宣传，提升节目的知名度。

三、广播与新媒体融合

（一）广播的视频直播与即时互动

新媒体时代给广播带来了可视化发展的可能，实现了广播视频的直播。新媒体时代，单纯地依靠声音的广播力量被削弱。就目前的市场来看，大众对优质视频直播有着较多的需求，直播和视频已成为创收的一部分；从消费者的角度来看，广大消费者愿意为游戏、直播、在线视频等娱乐项目买单，所以付费内容崛起的时代即将到来。

政策的支持、传统广播在内容上的深耕、智能移动时代成本及门槛的降低都为广播媒体融合直播提供了条件。通过广播＋直播的方式，实现了广播的视频化，为广大消费者带来声音及视频的双重体验。

例如，鞍山经济广播电台将电台直播间"移动"到田间地头，实现了广播与新媒体的深度融合。

鞍山经济广播创办了系列节目《第一书记的朋友圈》，把直播间"移动"到了田间地头，在海城市南台镇二道河村进行了一场特别的直播。该市新闻传媒中心的媒体深度融合，再交"创新答卷"——广播不仅实现了视频化，还借助新媒体技术手段实现了移动式直播，把电台"直播间"搬到了村委会、蔬果大棚和农户家中。广播里可以听声音，手机端可以看田间地头的鲜活视频，这在鞍山新闻史上还是第一次。

2021 年 6 月 13 日，鞍山经济广播的《第一书记的朋友圈》播出了一期特别节目，主持人离开新闻传媒中心的电台直播间，来到了海城市南台镇二道河村。她在村委会对驻村第一书记黄淼进行了访谈，又来到农户家中看脱贫成果，和住上了新房的大妈聊天，接下来走进葡萄棚、蓝莓大棚，品尝带着露珠的新鲜果实。在广播中，听众既可以像往期一样听到第一书记的驻村故事，又能听到更多村民的心声，偶尔"抢镜"的风声与犬吠更让听众体验到广播节目的现场感与新鲜感。与此同时，网友还可以打开鞍山云 App 收看视频直播，二道河村的乡村新貌、热情干练的第一书记、枝头上还挂着白霜的饱满蓝莓、颗颗晶莹的郁金香葡萄等都进一步丰富了广播的视频直播感受。

回顾鞍山市新闻传媒中心的广播视频化，2020年8月12日鞍山综合广播《记者归来》首播，众多听众与网友共同见证了媒体深度融合的"破冰"时刻——鞍山广播首度实现视频化，电台节目通过手机实现听声音、看视频、阅读文字、查看图片的全媒体接收，并实现随时回听回看。同年8月末，鞍山经济广播《第一书记的朋友圈》开播，实现了鞍山经济广播电台与鞍山云App、《鞍山日报》、鞍山电视台、《千山晚报》、鞍山电商网络直播平台等多媒体联动，为推动乡村振兴贡献全媒体力量。2021年6月13日，《第一书记的朋友圈》深入乡村聊振兴，把直播间搬到田间地头，既是"扑下身子、沉下心来，扎根基层"记录伟大时代的生动实践，也是鞍山市新闻传媒中心进一步深化广播视频化、推进媒体深度融合的重要范例。

（二）广播电台节目的可视化直播探索

传统广播有一定的优势。首先，在广播领域有一批专业素质高、训练有素的新闻工作者，主持人也多是专业出身，具备较高的职业素养；在节目审核上，审核严格，制作规范；在价值观导向上，以正能量为主，节目内容更具权威性。其次，广播与其他媒体相比，不受时间、空间的限制，对收听条件没有太多限制。最后，广播节目的制作、传播比较简单，实效性强，可以让听众第一时间收听到信息，满足了听众的好奇心。在新媒体时代，结合传统广播的优势，利用新媒体技术探索可视化直播是广播电台发展的主流，其优势可概括为以下四个方面：

（1）听众可在任意场景下收听，且可视化直播使听众对主持人的主持场景、外貌、动作等有全面的了解，增强了节目的生动性。

（2）互动性进一步增强，听众在观看节目时，可以打赏主持人，也可以向主持人提问，主持人就问题现场解答，拉近了主持人与听众之间的距离。同时，视频化的呈现使得广播的声音元素更加立体，除了声音收听之外，有了更多的互动。

（3）通过网络直播，可以较快地收集数据，进而根据数据调整节目，使节目更有针对性。

（4）广播电台一般在一定的区域内播放，传播范围有限，而广播通过可视化直播探索可以扩展传播范围，听众通过网络也能收看。

以"听见广播"为例来阐述广播电台节目的可视化直播探索。"听见广播"是一款广播电台节目可视化直播App，汇聚国内主流电台节目、同步电台主持人生活化直播，用视频直播方式展示主持人的生活趣事。"听见广播"

是融媒体的经典案例，依托 5G（第五代移动通信技术），实现了多机位拍摄、高速率传输和多终端连接，用户也可以使用手机、车载终端、电视等多终端观看。同时，8K（超高清视频技术）的普及为用户提供了高清的视频图像，使得用户和主持人在直播中有身临其境的感觉。

"听见广播"已实现电台的可听可见、双向互动的全面升级，将无线广播网、有线网、IPTV（交互式网络电视）、互联网、移动互联网、车联网等融合在一起，致力于打造内容综合、传播渠道多样、服务丰富、收益多元的媒体融合发展的新视听平台。

"听见广播"的主打功能如下：

（1）实现电台节目可视化同步直播，"看见"美好声音。

（2）汇集全国广播电台主持人个性直播，听见大千世界。

（3）实现一键连线面对面互动直播，玩转互动体验。

（4）全方位展现主持人生活化直播，主持人就在身边。

"听见广播"的产品特色主要包括以下两个方面：

首先，有质感更有格调的专业广播电台主持人，强互动的自制直播节目24 小时播不停。

其次，打破地域限制，全国广播节目任意看、随便听。

（三）广播电台入驻各社交平台

当前，主要的社交平台有微博、微信、抖音、快手、QQ 等，使用人数较多的是微博、微信、抖音。

1. 微博平台：传授关系的颠覆

微博产生于 2009 年，其产生之初即成为互联网最受欢迎的媒体形式，其产生与发展给传播领域带来了颠覆式的变化。微博的受众呈现出多元化特点，各行各业的人员都涵盖在内。微博发布简单，且用户能快速获取信息，并就信息发表自己的看法。微博的博主有了更多的自由，主要表现为微博不受时间、地点、协作模式的限制，其定位的宣传语为"随时随地，发现新鲜事"，所以微博成为将日常生活分享到网络中的社交平台。一般情况下，微博更多地展现的是率性而为的内容发布方式，非常适合当代公民碎片化情感的表达。

随着微博影响力的逐渐扩大，一些专业的媒体机构、媒体人开始入驻微博平台，促进了微博传播的升级。微博具有三大主要功能，即形象塑造、关系建设、公共信息服务。广播电台入驻微博平台的主要功能在于弥补广播电台的文字或视频缺失，为节目吸引潜在粉丝。

例如，中国国际广播电台旗下的国际流行音乐频率——Hit FM88.7 的主要运营模式是类型化运行，全天候地播出当今流行的音乐，其音乐风格表现为动感、时尚，成为音乐爱好者的品质追求。Hit FM88.7 开设了微博账号，其特点依然是年轻、时尚、积极，发布的内容包括节目预告、节目互动、乐坛新闻等，为 Hit FM88.7 吸引了大量听众。

当下，多数听众从百度或者 App 上获取音乐，仍有一部分人从广播渠道收听音乐。一方面，广播是一种伴随性的音乐播放模式，听众可以随时随地收听；另一方面，网络上的音乐资源千变万化，要在海量的音乐中找到喜欢的音乐需要花费大量时间，而广播省去了选择的烦恼。所以，电台聚拢了一批音乐爱好者，他们喜欢欧美流行音乐，能够多元化地看待世界，电台与听众之间的关系是隐形的，通过微博平台可以实现电台与听众的显性交流。这样，通过声音来生发感情，通过微博来表达感情，可使听众与电台形成良好的互动。广播电台的品牌影响力也将进一步增强，实现电台听觉形象向视觉可感知的形象转化，有助于塑造良好的媒体形象。

2. 微信公众平台：媒体与用户的强关系纽带

继微博之后，微信公众平台于 2011 年诞生，这是一个通过网络平台发送语音短信、视频、图片、文字的应用程序。当前微信已成为人们使用频率最高的应用程序之一。微信的传播方式分为三种，即好友之间的信息传播、朋友圈传播、公众平台传播。其中，公众平台传播是一种一对多的传播方式，用户根据自己的需求进行内容设置，具有自由选择权。微信用户只需要关注微信公众号，就可以接收该账号推送的内容。微信公众号分为订阅号和服务号，订阅号媒体每天可以推送一次，每次包含若干条。服务号每月可以推送四次，用户看到推送的内容，如果感兴趣可以点击文章进行阅读。

如今，广播电台已开通了微信公众号，拓展了自身的功能。目前，广播电台微信公众号的主要功能如下：

（1）广播节目的微信公众号平台接收。

（2）广播平台内容的发布。

（3）广播平台所提供的具有区域特征的信息服务。

（4）广播平台微信公众平台与听众加深联系。

（5）广播平台相关的品牌推介活动。

（6）品牌联动宣传。

3. 抖音平台

抖音产生于 2016 年，是一款音乐创意短视频社交软件，其面向的受众是全年龄阶段的爱好短视频者。抖音有以下五个特征：

（1）内容有趣，视频短小。抖音上，一般视频的长度在 15 秒到 5 分钟，其新颖的选题、有趣的内容、独特的剪辑都能给用户带来更好的体验，从而使用户在碎片化的时间中获得娱乐。

（2）互动性强，粉丝黏性高。抖音中有点赞、评论、转发的功能，视频发布者可以在留言区或直播中与广大粉丝互动，增强了社交黏性。

（3）公众普及性高。抖音的门槛较低，创作者根据市场受欢迎的程度来创作内容，吸引了大批的粉丝。

（4）娱乐性较强。抖音上的内容源于生活，高于生活，娱乐性较强。带有娱乐性的短视频能让人们暂时忘掉现实生活中的压力，给人们的生活带来更多的乐趣。

（5）创意剪辑手法。抖音上短视频的质量直接体现在创意剪辑上，不仅在内容生产上有要求，还在剪辑上有要求。一般视频的剪辑根据内容来定，有的制作精美，视频中有转场等设置，增强了技术性，同时适当的节奏可以调节观众的情绪，引起其他用户的跟风拍摄。

广播平台纷纷入驻抖音平台，其在抖音上所发布的内容包含重大事件、通知通告、防控知识、复工复产信息、宣传推广等。

再如，河北交通广播电台在抖音上的定位为"路上事儿，身边事儿，权威发布"，将其在抖音上的内容分为 992 安全、992 服务、992 正能量、992 抗疫四大模块。

第二节　广播应用技术的数字化

一、数字音频广播和数字多媒体广播

在广播领域有调幅广播（AM）、调频（FM）广播、短波广播。调幅广播覆盖的范围较广，但音质较差，噪声大，收听效果较差；调频广播在收听质量上优于调幅广播，但覆盖的范围较小，适合分众化、类型化传播；短波广播主要适用于跨地区、跨国界的传播，传播的距离较远。

调幅广播、调频广播、短波广播三种广播的共同特点是单一媒体实施全程传播，通过声音符号进行传播。随着数字时代的到来，"比特"技术成为传播技术的主旋律，突破了单一媒体的全程传播，开启了多符号、多渠道、多媒体功能的现代传播模式。

人类已经进入数字传播时代，数字广播通过对不同内容用0和1两个符码进行编码（包括音频、视频、文本等），借助现代数字化技术，将数字化的音频、视频传送到各接收终端，实现广播的新型传播方式。数字时代，数字广播信号可以从卫星、互联网、本地电台发出，不同形式的数字广播业务并不是一种排斥关系，而是相互协调发展的。

一般来说，数字广播可以分为数字音频广播（DAB）和数字多媒体广播（DMB）两种形式。

数字音频广播产生的目的是改变传统的广播传播方式，提高广播的声音质量。另外，数字音频广播的一大优点是可实现高速移动接收音频。数字音频广播的声音质量较高；可以移动接收，并且音质清晰；还可以加密；其发射功率较小，覆盖范围较广，频谱利用率高，具备抗干扰和在恶劣环境下接收的能力，通过卫星功能可以实现提高覆盖率。数字音频广播使得频率资源变得丰富，并且以单频网构造为基础，拓展了电台的范围，使得频谱的利用率较高，而且是一种新时代高效、环保的传播方式。

数字多媒体广播是在数字音频广播的技术基础上发展而来的，在功能上改变了单一的音频信号，采用可传输数据、图形、视频等的信号。数字多媒体广播不仅具备声音广播的功能，还凭借其技术优势发展为具备多种功能的现代视听新媒体。

二、当代数字广播技术原理

一般来说，完整的声音广播系统是由声频信号、信号传输通道、信号接收三部分构成的（图4-1）。广播时，主持人的声音经过调音设备转化成声频信号，进行放大、合成及后期的效果处理，形成独特的声频信号。有时为了实现远距离传输，需要将声频信号调制到高频载波上进行传输。

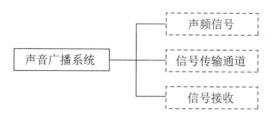

图 4-1　声音广播系统的组成

（一）高频调制

广播技术的核心包括高频调制和解调技术，其是在广播对传输技术的要求越来越高的背景下产生的。一般情况下，声音及图像不能直接传输，其传输在技术上非常困难。语言及音乐的频率在 20 ～ 20 000 Hz 的范围内，其波长在 15 ～ 15 000 km 的范围内；图像的频率在几赫兹至几千赫兹，波长在几十米至几千米。这些不断变化的频率要实现接收有很大的难度。在无线电学上，天线的长度应当是波长的一半，现实生活中准备如此长的天线不具备可能性。此外，各种不同的频率加上不断变化的频率使接受者很难选择自己要接收的信号。所以，原始的基带信号不能进行远距离传输，于是人类将基带信号"寄载"到频率较高的载波上，形成了一个全新的、适合传输的信号。

调制技术按照调制信号性质的不同，分为模拟调制、数字调制两类。其区别如下（表 4-1）。

表 4-1　模拟调制与数字调制的区别

性能特点	模拟调制	数字调制
信号处理	模拟信号	数字信号
控制操作	直观、便捷	分层、虚拟处理
受磁场干扰	较强	较弱
使用安全	安全	有死机现象
声音还原度	二极管发声表现力强	数模转换还原度有损耗
MIDI 接口	无	有
显示屏界面控制	无	有
频响指标	20 ～ 20 000 Hz；±0.5 dB	20 ～ 20 000 Hz；±0.1 dB
信噪比指标	-90 dB	-127 dB
失真度指标	0.003%	0.001%
使用寿命	较短	较长
维护成本	较大	较小

续表

性能特点	模拟调制	数字调制
场景记忆	无	有
自动化功能	无	有

传统广播使用的是模拟调制技术。所谓模拟调制指的是调制信号和载波都是连续波的调制方式，分为调幅、调频、调相三种形式（图4-2）。当前我国的广播主要采取的是调幅和调频两种形式。

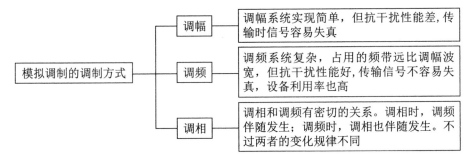

图 4-2　模拟调制的调制方式

（二）音频信号

广播的主要形式是通过电磁波的形式传输声音，不同的频率或波长产生不同的电磁波。其中，频率在 300 GHz 以下的是无线电播，主要应用于电视、广播及其他通信行业。无线电波按其波长分为超长波、长波、中波、短波、米波、厘米波等，一般来说不同的波长应用领域不同。

（1）超长波——海上远距离通信。

（2）长波——电报通信。

（3）中波——无线电广播。

（4）短波——无线电广播和电视。

（5）米波——无线电广播、电视、导航。

（6）厘米波——卫星通信、雷达。

电磁波既可以在传输线及波导中传播，也可以在空间中传播。

（三）数字音频工作站

数字音频工作站是数字音频设备，指的是通过数字声卡实现对模拟音频信号的模拟或数字取样，将收集到的信息转化为计算机能够读出的数字声音文件，再经过计算机端对声音进行专业化处理，实现对声音的再现。一般而言，数字音频工作站由计算机、专业声卡、功能软件三部分构成，具体包括计算机、多轨录音机、非线性编辑、调音台、效果器等。数字音频工作站与一般的制作多轨节目不同的是，在录音、放音的过程中，既可以听到声音，又可以将声音的波形投到屏幕上，更具操作性。通过计算机可以实现调音、电平调整、均衡、声音压扩、限幅、混响、延时、声像移动等功能。数字音频工作站根据承担的任务不同，分为录制、编辑、播出、审听、广告、系统六种工作站。

1. 基本功能

（1）录制站：录制站承担的任务是节目的录音及制作。按照录音要求，其任务一般分为以下三种：

①节目灌录：将已有的节目从其他地方灌录到中央资料库中，建立音频数据库。

②语言录音：指的是广播节目的录音音频工作站，除了一些基本的功能之外，还实现了声音的即录即改、实时发送。

③文艺录音：具备音频剪辑、效果处理、多端均衡、音调转换、多轨合成等功能。

（2）编排工作站：编排工作站从已有的声音数据库中选择所需要的节目，再按照节目规划来确定播出时间。为保障节目的安全，每个节目采取权限控制，相关负责人只能改变自己所负责的节目，而不能改变其他节目的内容。之后栏目的总负责人需要审听栏目的所有节目。

（3）播出工作站：播出工作站具备节目播出及广告自动播出的功能。首先，节目需要实时播出。对于录播节目，按照规划的时间按时播出；对于直播节目，主持人可以通过播出工作站，对节目的内容及顺序进行调整，还可以从资料库中调取节目实时播出。播出工作站还设置了快捷键功能，快捷键涵盖主持人的爱好等，大大便利了节目的播出，提高了广播传播的效率。其次，广告自动播出是播出工作站的另一项功能。广告的播出分为定点广告和普通广告。定点广告是系统设置的按照规定的时间自动播出的广告形式。普通广告需要主持人在主持节目的过程中汇总，手动播出。手动播出也留有广告的实际播出时间及次数，方便做数据统计。

2. 相关软件

数字音频工作站除了对硬件有要求之外，还对软件简洁方便、操作流畅有要求。其所需的软件分为两种：一种是全功能软件，另一种是专业软件。

全功能软件与硬盘没有关联，适用性较强，能对音频信号进行录音、编辑、处理，最后形成节目，刻录母盘。

专业软件与硬件配套，需要硬件才能实现自身的功能。常见的专业软件如广告制作管理软件，它是管理广告方面的软件，再如音乐电台播出软件，它可以规定音乐的类型及频率。

（四）广播播出技术的数字化体现

直播、录播、转播是广播节目播出的常见形式。一般情况下，前两种可以穿插进行，转播主要使用的是外来的声音，转播信号既可以通过电台的专业人士进行转码，也可以直接由播出电台提供。

1. 直播

直播的形式是边录边播，分为播音室直播、现场直播。直播省去了录音的环节，具有时效性强、生动活泼、互动性强的特点，一般的新闻、评论节目中常用到直播。直播的过程中，无论是嘉宾的参与，还是点播、热线等，其互动性比任何形式都强，所以直播是当代大众喜爱的一种广播播出形式。

直播与录播可以相互配合，有的直播现场会插播一段已经录制好的节目。直播是即时性的节目，因此对主持人的综合素质要求较高，主持人在直播前通常要做大量的准备工作。

2. 录播

录播是提前完成节目的录制，制作录音带或录像带，保存下来，按照节目的运行要求依次播放。已经实现数字化的电台将录音内容保存在节目录制站中，再设定时间，按照节目的先后顺序进行自动播放。节目信号传送至调音台的声音信号输入端，经过处理从调音台输出，通过电缆、计算机网线传送至中央控制室进行交换、放大、分配。分配好的内容通过传送系统发射到各大发射台。

3. 转播

转播就是转发外来的节目信号，一般有两种形式，即实况转播、台上转播。

实况转播来源于节目现场，主要涵盖剧场转播、会场转播、体育场转播等，主持人通常会到现场进行解说。这种转播方式需要的设备有便携调音台或者安装有播控、制作设备的转播车，对现场获得的信号进行调节，将调节好的内容信号通过电缆等传送到中央控制室，从中央控制室传送到直播间的调音台，经过调整后再返回中央控制室，放大之后传送到发射台，由发射台发射到用户接收端，这样就完成了转播。当下，转播车实现了将节目直接通过卫星进行转播，极大地减少了转播程序。

台上转播是将接收到的其他电台的信号传到本广播电台之后播出。

在较长的一段时期内，转播被视为一项纯技术领域的工作。随着转播技术的发展，转播已被认为是集技术、信号加工于一体的工作。在转播的过程中，人们更加注重对信号的加工，将其以听众喜欢的方式呈现出来。

（五）调音台

调音台也被称为调音控制台，按照用途划分，通常可分为以下三种：

1. 录制、扩音

录制、扩音对信号的要求不高，输入路数通常为八路、十二路，主要服务于节目的制作或直播调音台备份。

2. 直播调音

直播调音也叫播出调音台，输入路数为十八路、二十四路。

3. 文艺录制

文艺录制对声音的要求较高，输入路数通常为四十八路以上。

调音台按照技术支持分为模拟调音台和数字调音台。当前，数字调音台是广播技术发展的主要趋势。数字调音台综合了微机控制技术、计算机母线技术、计算机通信技术、人机工程学技术甚至网络技术与协议等多项技术，主要采用数字形式来处理音频信号。其由于自身的独特性，较少受到串音、噪声的影响，且安全系数更高。当前，全世界范围内的专业调音台都在朝数字化的方向转变。

归纳起来，数字调音台的特点有以下几个：

（1）质量保障。由于数字调音台使用的是精度验算，在信号处理时能保障信号的质量。

（2）简单化。在信号处理时，数字调音台操作简单，适合小型操作，许多模拟调制按钮都不需要设置。

（3）硬件集成化。数字调音台的硬件设备呈现出高度集成化的特点，未来朝着小型化的趋势发展，其成本更低。

（4）自动化。由于数字调音台是通过计算机运行操作的，因此其具有自动化特征。

（5）便于存储。数字调音台能存储所有的参量值与预设值。

当前的数字调音台是网络化调音台，通过网络接口实现了多个音频系统的连接，各系统组成了一个完整的信号分配网络，实现了数字音频信号的互联互通，大大提高了传播速度，拓展了传播范围。

第三节　广播接收形式的多样化

技术的提升带来了不同的广播形式，接收形式也随着技术的进步而多样化，对听众的收听习惯产生了影响，抑或产生了双向影响。广播接收形式的多样化表现为数字音频广播、车载广播、网络广播、手机广播等。这些接收终端各有其特性，如车载广播能使上班族在上班途中获得愉悦，网络广播能在工作日吸引广大听众，手机广播能使广播融入个人的生活，为人们带来更多的体验。

一、数字音频广播

（一）数字音频广播的优势

当前，数字音频广播主要应用于音频广播业务、视频业务、交通导航业务、金融股市业务、互联网下载业务。与传统广播接收相比，数字音频广播具有以下优势。

1. 抗干扰

使用数字音频广播可以达到 1.563 MHz 的频宽，可以有效抗干扰，不会受电波传输的影响，只要接收到信号，就能高还原播放，音质效果良好。

2. 节能

数字音频广播不受电波传输的影响，有效减少了电磁污染，是新型环保型的广播接收形式。

3. 可移动

数字音频广播的显著特征是"单频成网"，因此听众在移动时也不受影响。这一特性对有车一族来说更为方便，使得收听的质量更高。

4. 音质高

数字音频广播发射的音质高，可媲美 CD，音质纯正。

5. 功率低

数字音频广播所形成的单频网具有功率低、效率高、面积广的特点。

6. 信息量增加

利用数字音频广播可以同时传送多个立体声节目，增加节目传输量。广播节目的增加可以更好地满足听众的多样化收听需求。

7. 可视化

数字音频广播实现了可以在显示屏上读取图文的功能。

（二）数字音频广播案例

1. 业务规划

上海文广数字移动传播有限公司使用了数字音频广播，其业务规划包括以下几点：

（1）数字化处理。通过模拟技术将本地广播进行数字化处理，实现了将传统广播节目以数字音频广播的方式播出。

（2）规划数字音频广播相关的音乐频道。根据上海地区的音乐风格制订相应的方案。

（3）拓展数字音频广播功能。开发广播的电子导航、交通等功能。

（4）打造移动高端媒体。例如，与财经领域合作，为高端人群定制移动财经类的信息或者数据，包括实时股票行情、盘后分析等。

（5）跨界合作。例如，与世博会合作，共同开展音频业务、数据业务等。

（6）打造数字广播平台。拓展数字音频广播业务，开发可控制功能、可管理系统功能、收费系统功能等。

当前，上海市区的数字音频广播辐射范围高达90%以上，室外的覆盖率优于室内。未来，其可以与移动市内覆盖相融合，拓展辐射范围。

2. 交通广播实践

数字音频广播业务首先出现在交通方面，上海文广数字移动传播有限公司选择了三个广播频率应用数字音频广播技术，最早于2009年推出了文广移动点点通，其服务包括实时提供上海市区的路况信息、开车辅助信息、娱乐信息等，为听众的生活带来方便。

（1）路况信息。数字音频广播技术可以实现市内各路段及外环内的信息全覆盖，还可以分级、分区域提供各道路的实时路况信息，给听众带来极大的便利。

（2）开车辅助信息。除了路况信息外，移动点点通还提供市内的匝道信息、交通管制信息、道路封闭信息等，为有车一族节省了路上的时间。

（3）娱乐信息。除了基本的信息服务之外，移动点点通还搜集了全国的主要城市及旅游景点的信息，可提供未来3天的天气信息，还可提供影院的影讯、座位、售价等信息，极大地方便了人们的生活。

二、车载广播

随着社会的发展，汽车的数量逐年增加，进而促进了车载广播的发展。人们在行车的过程中，会通过收听车载广播来消遣，车载广播为有车一族营造了舒适、愉悦的驾驶环境。除了娱乐之外，人们通过车载广播还可获得很多实用信息，甚至进行学习。汽车时代为车载广播提供了良好的发展条件。

（一）车载广播的特征

车载广播主要特征如下：

1.车载广播成为人们旅途中的伴随性媒体

研究发现，人们在路上的主要收听工具是车载收音系统，其比例高达95%。在路上，人们使用其他的收听工具（如电脑广播、手机广播）的比例较小，而习惯收听车载广播。[1] 车载广播已经成为人们旅途中的伴随性媒体，车主对车载广播的忠诚度较高。

2.车载广播的收听时间较为集中

车载广播的收听时间较为集中，一般集中在工作日的上下班时间。在上下班途中，车主通过其他媒体获取的信息较少，大多数通过收听车载广播来获取信息。所以，上下班时间的收听具有稳定性和集中性的特点，这是广播的优势所在。在未来，广播的发展也应当从这一优势上进一步创新，开发出更多能满足广大听众需求的广播内容。

3.车载广播的听众呈现出年轻化、高端化的发展倾向

20世纪八九十年代，广播的受众多是老年人，他们用收音机收听广播。现在，有车一族的广大听众打破了广播听众的老龄化倾向，其听众呈现出年轻化的发展倾向。

随着时代的进步、物质的丰富，汽车家庭化已经成为社会发展的主趋势。拥有汽车的家庭有一定的消费能力，所以车载广播的听众呈现出高端化发展的倾向，吸引了一部分广告投放主进行广告投放，这也给车载广播带来一定的经济收益。

（二）车载广播的发展策略

针对广大听众的接收情况，广播电台制定了一系列的发展策略，有效促进了车载广播的发展，吸引了一大批年轻的听众。其发展策略如下：

---

[1] 黄学平：《中国广播研究报告（2011—2012）》，中国传媒大学出版社,2012，第36页。

1. 不同时间段的广播设定

一般车载广播的收听时间集中在早晨 7：00—9：00、傍晚 5：00—6：00，广大车主在开车时收听广播，已经成了较为稳定的习惯。所以，车载广播牢牢锁定这两大时间段，对这两大时间段的节目进行优化，通过大数据锁定听众的收听偏好，再对节目进行调整。这两大时间段的节目内容一定是全天最精彩的、信息量最大的、最全面的。

在专题服务类节目中，交通资讯类节目比较受欢迎，其他排名在前的有歌曲、新闻、娱乐、文艺、房产信息、天气预报、投资类、时尚类、财经类、汽车、相声等节目。广播电台根据大众的喜好制定了早间、晚间两档节目，各具特色。早间的广播主要围绕新闻、交通、节奏稍快的音乐展开，帮助人们尽快投入一天的工作。在下班期间，人们忙碌了一天，身心需要放松，广播主要围绕娱乐、综艺、舒缓音乐展开，帮助人们放松心情。广播节目只有做好内容策划，才能锁定目标听众，提高收听率。

FM93 浙江交通之声对早、晚高峰播放的内容进行细化，将重点内容分为四大段——06：30—08：30、10：00—16：00、16：00—18：00、18：00—20：00，其中前两段播放相关的新闻头条，还针对上班族上班策划了《快乐加速度》栏目。后两段正好是下班阶段，多选择亲和力强、舒缓的节目，帮助听众放松心情（表 4-2）。

表 4-2　2021 年 FM93 交通之声节目单 [1]

时段	节目	周一至周五		周末	
06：30—08：30		93早新闻	《93焦点》《93头条关注》《观点说话》《全球连接》	《朝闻天下》06：30—08：00	
08：30—10：00			《快乐加速度》1.上班加点料；2.奇怪问题小组；3.越理越有财	《就是爱旅游》10：00—11：00	
10：00—16：00	《路灵灵》《高速007》《动态气象直播室》《93快报》《93头条关注》《空港百灵》《青春百年》《第一现场》（不固定）《应急大直播》（不固定）	爱上北高峰	《有理走天下》10：00—11：00 1.阿巍说交通；2.防御性驾驶阿巍说；3.对话浙江 《就是爱旅游》11：00—12：00 我是大玩家 《我们有一套》12：00—13：00 1.每天学一招；2.大咖来了 《93车世界》13：00—14：00 1.爱车金管家；2.养车学一招 《氧气咖啡音乐时间》14：00—15：00 1.氧气"大咖"2.一杯咖啡一首歌；《小崔热线》15：00—16：00 举案说法	有氧周末	插件类 奇怪问题小组 我是大玩家 氧气音乐 周末书单 我们有一套
					电商消费热线 15：00—16：00
16：00—18：00		93晚高峰	《一路有你》1.私人定制；2.今天我们聊什么		
18：00—20：00			《93新动力》1.我要吐槽；2.我请你吃饭；3.全民奥斯卡"雷声大作"脱口秀		
20：00—21：30			《全媒体连接》；热点上线		
21：30—22：30			《巴菲特的书房》	《有氧周末》	
22：30—24：00			《氧气音乐》		
24：00—06：30			《平安高速》		

① FM93 浙江交通之声：《2021 年 FM93 交通之声节目单》，2019，http://www.fm93.cn/cztvcloud/806252.html，访问日期：2022 年 2 月 6 日。

2. 活动营销

活动营销指的是企业通过整合有效的资源，或策划一些较大型的活动，迅速提升企业的知名度及影响力，产生品牌效应，进而间接促进产品的销售。广播电台的营销活动主要从户外宣传、户外直播、商业活动直播、商业活动、官方网站、形象标志、文艺演出、重大社会公益活动、印有广播电台的单位公车、主持人见面会等方面提升广播电台的影响力，满足听众的情感诉求，增强听众对广播电台的黏性。

三、网络广播

从传统广播中脱胎的网络电台于 1993 年产生于美国。当时，美国利用 MBone 技术架设了第一个网络电台，从此人类步入了通过网络收听广播的时代。之后传统广播电台逐渐转向网络广播，大致分为以下几个阶段（图 4-5）。

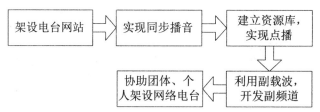

图 4-5　传统广播电台发展为网络广播的五个阶段

我国的传统广播向网络广播发展的阶段与上述阶段大致相似，大多数的广播电台都经历了架设电台网站，实现同步播音，建立资源库、实现点播的阶段。

（一）网络广播的发展

1996 年，广东珠江经济电台实施网络广播，开启了中国网络广播之路。随着珠江经济电台取得突破，各大电台也陆续加入了网络广播发展的大潮，主流媒体开办网站，实现了广播与网络的同步播出。同时，还依托现代科技建立了音频库，这样广大网友就可以在网站上进行点播。2002 年，中央人民广播电台进行了网站改变，正式使用了新的名称"中国广播网"，当时可以提供广播直播节目 8 套，点播栏目 34 个，音频文件超过 600 GB。中国广播网的建立标志着我国主流媒体的网络广播进入了快速发展的时期。同时，中国广播网还建成了涵盖广播电台网站、广播电视综合网站的网络广播平台。

2014 年，播客出现，通过录制网络声音节目，下载到 MP3、iPod、随身听上就可以随时收听，给听众以极大的自由。更有趣的是，个人也可以成为声音的创造者，将自己录制好的内容上传至网络上与广大网友分享。随后猫扑、QQ 之声等商业网络电台或者个人网络电台相继出现，网络广播的内容及功能更趋于完善。

从 2009 年开始，国家大力推进网络广播的建设，先后颁布了《电子信息产业调整和振兴规划》《文化产业振兴规划》《关于推动传统媒体和新兴媒体融合发展的指导意见》等，加快了网络广播的发展。

（二）网络广播的特征

经过不断发展，网络广播的听众人数大幅度增加，网络广播作为一种传播方式，实现了个性化、专业化的服务，具有广播及网络的双重优势，呈现出以下几大特征：

1. 高速、高质、容量大

网络广播的原理是将广播的接收器借助互联网平台这一渠道安装在各设备上，方便其接收到高质量的声音，实现高速传播。终端上接到的声音清晰、保真清新、优美动听。另外，互联网可以使广播内容得到最大化的传输，甚至可以覆盖全球。在传输模式上，网络广播采用广播式，可以向域中其他节点发布数据包，每个数据包存储的信息量非常大。

网络电台不仅可以与传统电台一样及时收听，还可以重复收听，这样就弥补了传统广播瞬间消逝的缺点，更能满足听众的需求。在收听方式上，网络广播不仅可以在线接听，也可以下载收听，可以在网页上展开评论，方便了听众与听众之间、听众与节目之间的互动。网络广播还可以通过网络推荐一些往期较受欢迎的节目，提高点击率。

2. 节目形式上的创新

网络广播拓展了节目内容，听众在收听的过程中，可以浏览信息背后的任务介绍、形象、事件、文本等，除了获得声音，还能接收到各种信息。网络广播还可以应用于各种大型广播节目的制作中，不仅满足了大众的视听享受，还能体现出节目的特色。

3. 互动功能的开发

传统广播通常是单一线性的服务方式，而网络广播致力于多层次、多样性、个性化的服务，如视频点播服务，实现了听众与广播主持人、听众与听众之间的互动。有的网络广播善于吸取广大听众的意见，通过收集留言板上的意见创新节目内容及形式，大大提升了互动性，能使听众对节目产生一定的亲切性，有利于增强用户对节目的黏性。

4. 提升声音的魅力

依靠互联网，网络广播可以将声音传送至世界的各个角落，扩展了声音艺术的张力。

5. 提升了跨国传播能力

鉴于国家对网络安全越来越重视，安全主管部门对网络运营主体单位和关键信息基础设施的检查越来越严格。

在这一背景下我国的网络广播的安全方面将进一步提升，能不断适应当前复杂的网络环境，提升广播节目的跨国传播能力。①

（三）网络广播与传统广播之间的互动

网络广播是当下广播发展的主要趋势之一，而收音机广播在较长的一段时间内仍然存在，两者当前是相互补充的关系，原因如下。

1. 网络广播与收音机广播的受众

虽然网络广播的受众人数在逐年增加，但收音机广播同样有一批忠实的听众。

2. 收听网络广播的前提

收听网络广播的听众需要搜寻传统电台网站、网络原生电台，这就要求听众熟悉传统广播媒体，以成功过渡到网络广播上。尤其是网络广播的点播

---

① 祁江波，刘尚玖．重庆网络广播电视台网络安全攻防实战演习总结 [J]．广播电视信息，2021,28(4)：61.

功能，听众如果对节目毫无认知，就很难在网络中找到相关节目，也就无法收听。

3. 网络收听需要使用网络设备

网络广播需要听众在网络设备上进行收听。手机广播能使一部分移动听众实现收听自由。在重大突发事件面前，传统广播表现出巨大的优势，是一种价格实惠、传播迅速的传播工具。

社会传播的趋势是朝着小众化、个性化的方向发展，但这并不意味着大众传播就失去了受众主体，因为社会传播是朝着多样化的方向发展的。小众传播与大众传播之间是相辅相成的关系，小众传播在一定程度上强调个性化，但个性并未与时代主体价值背离，正是大众传播的包容性的体现。在疏离、分化的现代社会中，大众传播为小众传播提供了经验，而网络广播又为大众带来了与众不同的收听方式，是由传统广播在新领域中拓展而来的。

（四）网络广播平台——央广网

央广网的前身是中国广播网，2013 年改版为央广网，由中央广播电视总台主办，是中国最大的音频新闻网站，也是中央重点新闻网站和中国最具影响力的网络媒体之一，旨在通过互联网"让中国的声音传向世界"。

央广网的发展历程如下：

1998 年注册（www.cnradio.cn）。

2000 年正式上线。

2001 年网络宣传处成立（原中央人民广播电台）。

2002 年正式启用中国广播网。

2003 年更改域名（www.cnr.cn）。

2006 年网络中心成立（原中央人民广播电台）。

2009 年央广网和文化传媒（北京）有限公司成立。

2010 年获批中央重点新闻网站。

2010 年央广新媒体文化传媒（北京）有限公司成立。

2013 年正式更名"央广网"。

2020 年央广网文化传媒有限公司成立。

作为互联网新闻传播的"国家队"，央广网不断创新传播理念和发展模式，"讲好中国故事 传播中国声音"。充分发挥原创新闻优势，以权威、及时、多样为特色，主打"快新闻"，突出"央广独家"。专注报道时事新闻，把握热点资讯，关注民生话题，第一时间发出央广权威评论，引领正确舆论导向。央广网作为文化传媒投资领域的领军者坚持"新闻立网，技术引领，移动优先"，旨在塑造新时代有卓越竞争力的国家级品牌，奋力打造具有强大传播力、引导力、影响力和公信力的主流媒体。

央广网独家新闻调查报道在互联网、移动互联网、APP 客户端等平台的新闻首发率、曝光信源首发率、新闻转发率均在国内媒体前列，其大量原创报道被海内外媒体广泛转载，信息影响深远。目前，央广网设立多个专业频道、33 家地方分网，以及中国民族广播网、国家应急广播网和你好台湾网。其中，央广网地方分网经由国家网信办批复成立，以省为区域，发展主站与分网"1+N"良性生态，通过分网在全国各地建立良好的信誉和影响力。

人们在央广网的界面可以搜索各省份的新闻及同步音频。同时，央广网细分了时政、新闻、财经、军事、科技、食品、健康、教育、文化、旅游、房产等栏目，还有一些临时上架热点栏目，如冬奥会，还包括一些系列专题，方便了受众接收信息，拓展了传播的形式。

四、手机广播

手机广播是利用具有收音功能和上网功能的手机收听广播。当前，用手机收听广播的方式主要有两种：一种是手机中内置 FM 广播调频器，使用手机就可以收听电台广播；另一种通过上网收听广播。近年来，随着技术的提升，广大听众的注意力从 PC 端移动到移动端。随着通信技术的发展，手机上网的费用大幅度降低，手机广播成为一种新趋势，极具活力。

（一）用手机收听广播的方式

1.手机内置 FM 广播调频器

在手机中内置 FM 广播调频器，手机就可以充当收音机。这种方式实现了收音机与手机功能的统一，听众不需要借助收音机听广播，直接拿着手机就可以听广播。

手机内置 FM 广播调频器收听广播最大的优势是方便、免费。手机比收音机轻盈，功能更全，除了收听广播之外，手机还具有联络、娱乐等功能，实现了听众随时随地听广播的愿望，大大便利了广播收听。

2.手机上网收听

手机上网收听在初期推广时不尽如人意，主要原因包括以下几点：

（1）认知不够。用户对手机上网收听广播没有概念，尚未形成手机上网收听广播的习惯，没有形成广播品牌效应。

（2）手机上网收听广播不够便利。手机上网收听广播推广之初，操作不够简单，网络不够稳定，使得手机上网收听广播难以开展。手机上网时需要搜索关键词，进行选择、连接，有时受网络影响，速度及音质变化，使得收听效果大打折扣。

（3）手机上网的广播内容同质化。用户使用手机上网收听的广播与手机自带的收音机广播没有多大的差异，在内容上呈现出同质化特征。听众面对同样的内容会倾向于选择经济、快捷的方式收听。因此，手机上网收听广播难以吸引听众。

（二）主要的手机广播 App

为了解决以上问题，广播界开发出了个性化、便利化的手机广播 App。一方面，手机与广播可以实现功能上的统一，从终端进行开发，增加了广播收听功能；另一方面，音频凭借数字化技术、网络技术，可以以高品质呈现。一些广播电台开始开发 App，用户从应用商店中将其下载安装到手机上，就可以轻松收听到广播。App 操作简单，界面美观，易于操作，收听到的广播音质较高，所以受到广大听众的喜爱。

1. 传统电台 App

传统电台 App 有中央人民广播电台、中央广播电视总台文艺之声、北京广播网等。这些传统电台 App 的功能可以划分为以下两类：

一类传统电台 App 功能单一，提供广播频率的在线收听，有的加入了点播、直播的功能。这类 App 虽然功能单一，但满足了广播听众听的愿望；App 上还有导听的内容，方便听众了解节目的名称、信息及频率。

另一类传统电台 App 除了听的服务，还包括多元化的服务。除了听广播之外，还可以通过广播收看电视节目，有的广播 App 还整合了图文、音频、视频等内容，拓展了娱乐、购物、天气、交通等服务，俨然成为一个全方位提供公共信息的平台。

2. 网络广播 App

网络广播 App 的功能单一，主要集中在声音的收集、分类与收听上。一些网络广播 App 还开发了睡眠定时、闹钟、录音等功能，听众可以在收听过程中入睡，待时间到了，广播自动关闭；听众还可以在每天清晨伴随着广播醒来，如果错过了感兴趣的广播，还可以回放、录音等，方便收听。

网络广播 App 是否受欢迎，取决于以下几个方面：

首先，App 是否精良。网络广播 App 多种多样，作为一种伴随收听的 App，需要简单易懂，能轻松被大众识记。另外，设计风格要简洁、大方，方便听众用最简单的方式获取收听内容。

其次，用户的体验是否良好。当下的网络广播 App 寻找差异化的电台构建，致力于满足广大听众的个性化、差异化需求。用户使用 App 的首要前提是方便、快捷地找到喜爱的内容进行收听。受欢迎的网络广播电台通常具备分类科学、整合资源、用户方便操作等优势。

最后，软件是否稳定。有的 App 因为技术支持薄弱，常常连接不上网络，用户使用时出现反应迟钝、崩溃退出等问题，影响了用户体验。所以，稳定的软件也是网络广播应当具备的条件之一。

现介绍几种常用的网络广播 App：

（1）喜马拉雅 FM：喜马拉雅 FM 拥有海量节目音频，许多原创音乐人、知名主持人、电台 DJ、配音师等都通过喜马拉雅 FM 发布自己的音频节目。有声小说、相声、评书、音乐、历史、人文、脱口秀等节目都能在该 App 上找到。此外，该 App 还有评论、弹幕等互动功能。

如果想自己做主播，只需很简单的步骤就可以开始录制节目，在"主播工作台"就能看到自己的节目数据。另外，想听传统电台节目的用户在"广播"频道选择想听的电台就可以收听，还可以查看节目表，回听节目。

（2）荔枝FM：荔枝FM是一款网红电台App，它的录音功能开启了"人人都是主播"的时代。这里有非常丰富的内容，用户可以收听直播或者选择收听情感、娱乐、脱口秀、音乐等多个频道，在收听过程中可以开启弹幕查看评论。除了听之外，对于想自己录制节目或做直播的用户来说，其录音功能也是绝对不能错过的。荔枝FM简化了录音步骤，即使是非专业的用户也可以轻松进行节目录制，并实时监测相关数据，非常方便。

（3）蜻蜓FM：想收听各地广播电台节目的用户可以选择这款App，它同样有直播、回听功能，还可以预约想听的电台节目，免流量收听本地电台。除此之外，蜻蜓FM还提供小说、音乐、相声等众多内容，具有与名主播互动、查看实时推荐等功能，是广播爱好者们不可错过的一款App。

（4）豆瓣FM：豆瓣旗下的豆瓣FM比前面三款内容资讯电台简单得多。这是一款个性化的音乐收听工具，用户可以从艺术家、单曲、语言、年代、风格等内容中挑选自己喜欢的音乐风格。听众在收听过程中，可通过"红心""垃圾桶""跳过"轻松打造个性电台。喜欢音乐电台的用户可以选择这款App。

【下篇·传播篇】

第五章　新媒体时代广播的体系构建

新媒体时代，原有的广播竞争格局被打破，媒体的生态被重塑，传统广播面临着巨大挑战。广播打破了时间与空间的界限，呈现出明显的优势。广播依靠互联网和现代技术，发展了广播的新模式，进一步拓展了收听市场，增强了用户的黏性，开启了声音传播的新纪元。在这一背景下，广播需要进行体系构建。

第一节　新媒体时代广播内容定位

一、广播内容生产体系的变革

当下评判广播内容是否受欢迎，主要从内容与黏性、产品产出、广播标准这三个方面入手，这三个方面也是广播电台发展的根本动力。新媒体时代，通过互联网技术，广播很容易吸引听众的注意力，对"爆品""热点"的捕捉非常敏锐，能在较短的时间内牢牢抓住大众的心，颠覆了传统广播以声音吸引注意力的方式，迎来了广播内容生产体系的变革。

广播内容生产体系的变革主要表现在以下三方面：

（一）内容的呈现方式

广播要取得变革性突破，就要打破原有的模式，可借鉴西方的成功经验，为内容的最优化努力。

（二）对受众群体的挖掘

可以说，听众掌握着广播的命运。广播节目如果受到听众的喜爱，就会吸引越来越多的听众。对广播而言，在变革过程中，要了解听众的喜好，对听众开展长时间的监测，善于运用大数据来分析细节，从而创作出针对性较强的节目。我国听众市场广阔，只挖掘小众市场也会有巨大的市场机会，所以广播内容的完善要与听众挂钩，知道听众所想，走入听众的心中，取得听众的好感与信任。

（三）还原广播的声音特性

广播区别于其他媒体的是其独特的声音优势。所以，要改变原有的话语"灌输式"模式，促使广播朝着专业化的方向发展。广播的价值在于音频传播的优势。要获得可观的市场效益，就要对声音进行深耕，尊重声音媒体自身的发展规律，尊重媒体工作者的行业敏锐度，在声音市场定位的基础上，拓展全媒体渠道，增强广播的影响力。

二、新媒体提升声音的独立性地位

广播的声音与视频的声音不同，视频的声音是与视频画面相配合，形成整体的形象传达给观众，而广播的声音通常作为一个独立的介质进行传播，其传到听众的耳中，可以使听众产生独特的想象，进而引发听众的共鸣。在视听结合的大背景下，声音的特性常常被忽略，其常常扮演从属于视觉介质的角色，这不利于声音的价值变现，也会在客观上降低广播独特的价值。

新媒体时代，广播可以借助新媒体技术实现节目的多样化展现，如广播的可视化。它不同于声画同步的视频，其可视化都是为收听广播做铺垫的。要评价某一媒体内容是否优质，一定要看其传播效果，而不是看其传播途径。各媒体发展到今天，评判其优劣的方式不受媒体形态的影响，而要看媒体融合的程度。

新媒体时代，媒体融合成为各媒体发展的主要趋势。对广播来说，媒体融合并非弱化声音，而是强化了声音，增强了声音的传播力。媒体的多样化及视频视听的享受并未使广播退出舞台，其正在寻找差异化服务，探索独特的道路。

广播的发展依赖的是声音的独特性。广播作为陪伴性的媒体，有着天然的亲切感，能拉近广播与听众的关系，能给人以想象空间，可以将人们从繁忙的、压力大的现实环境中暂时解脱出来，使人们获得心灵的自由，正是声音的独立性地位才使得广播在今天仍能有忠实的听众。

三、广播的音频消费

在新媒体时代，广播内容制作、播出环节都发生了质的变化，具体表现为广播制作流程的高效与规范，推广渠道更加广泛，在内容宣发上通过技术手段增加了曝光量。

一个电台最重要的功能体现在新闻生产的能力上，当前的电台还开发了广播文艺类内容，这些内容有着一定的商业价值。虽然广播文艺类节目相比于视频类内容所创造的价值微乎其微，但"知识付费"已经成了当下的一个趋势。如今，越来越多的人认识到声音消费的价值，这与娱乐性较强的视频消费不同，广播成为符合时代发展的知识传播的互联网媒体形态。

声音的感知看似单一的感觉方式，限制了形象的多样化展示，但对听众个体而言，声音能给人以持久的影响力。声音虽然不如视频的视听功能有吸引力，但并不意味着声音就不具有群体性与影响力。所以，当前广播的主要任务是开发声音的特质，拓展推广渠道，加大宣传力度，提升广播的社会认知度。

四、竞争机制下内容的提升

在新媒体时代，内容创造的门槛较低，但也造成了内容质量的参差不齐。拥有专业知识及专业团队的媒体可以在内容上找到突破口，全力打造具有竞争力的传播内容。竞争机制下内容的提升可以从以下四个方面入手（图5-1）。

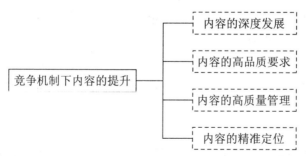

图 5-1　竞争机制下的内容的提升

（一）内容的深度发展

广播需要树立自我领域的价值观与实践规范，需要通过专业打造来促进内容的深度发展。内容深度发展通常表现为内容生产者的专业素养、专业精神、敏锐的市场洞察力等。以 BBC 为例，它坚持"专业就是用某种生活方式、伦理规范、自我意识的身份和对局外人的障碍，将其自身'水平地'组织起来的职业"的观念，从而在竞争日益激烈的环境下脱颖而出。

新的、有深度的内容构建需要对广大听众进行深度分析，通过极致化的追求和真实的数据分析来制作内容，以赢得听众的喜爱。

（二）内容的高品质要求

内容的高品质是当代广播发展的总趋势，也是广播商业生存的根本。现代广播产业化发展的过程中，强调产品质量及传播效果的把控，对广播内容的发展提出了更高的要求。

高质量的内容要求适当将声音要求降低，内容则出自专业领域的专业人士，体现出了他们独特的思考及见解。电台的整体内容的打造不再注重单一的节目类型的创新，而是需要深度创新，并将各节目串联起来，构建特色化、整体性的内容体系。

（三）内容的高质量管理

1. 广播质量管理

所谓质量管理，指的是"各类组织，如企业、机构、大学或者医院等，用以设计、持续改进并确保所有的产品、服务和过程满足顾客和利益相关者的需要，从而实现优异结果的一套普遍的方法"[①]。由此定义可以看出，质量管理的终极目的是满足广大用户的需求。对广播来说，使广大听众满意直接关系到广播电台的生存。

这里对产品质量的强调并非要求完美的质量，要追求质量的完美势必会造成成本的提高，这样，经济效益就得不到满足。要发展质量型企业，必须考虑产品的成本，处理好成本、质量、收益之间的关系，在这一前提下提高质量，促进经济效益的提升。

广播的质量管理不仅是广播质量管理部门的责任，而且是整个组织的责任，质量管理实际上是管理整个组织的核心，只有广播质量提升上去了，才能确保广播的长久发展。

---

① 孟伟：《广播原理：一种融媒体传播的视角》，中国广播影视出版社，2018，第 38 页。

2. 质量管理原则

ISO 9001:2015 质量管理体系提出了七个质量管理原则：
（1）以顾客为关注焦点。
（2）领导作用。
（3）全员参与。
（4）过程方法。
（5）改进。
（6）循证决策。
（7）关系管理。

在广播质量管理中，领导的思路与主张直接影响到电台的发展方向。广播的发展需要坚持以顾客为关注焦点的原则，坚持持续改进基本原则，积极与听众互动，更新节目内容，实现广播的可持续发展。

3. 质量管理机制

质量管理的根本是建立产品质量管理的长效机制，长效机制意味着在一定的时间内能稳定延续，但这一机制并非一劳永逸，需要随时代的变化及时调整，不断丰富和完善。机制本身需要有正常运行且配套的制度，需要有正规、稳定的制度体系，还要有推动制度前行的动力，只有这样，质量管理才能从根本上发力，为企业的发展带来活力。

对于广播电台来说，越来越多的电台认识到持续改进的重要性，主要提高内容质量及服务水平。广播发展到新媒体时代，其持续改进演化为迭代，意味着听众与广播的关系更加密切，意味着广播将依托新媒体技术实现制作、传播、收听上的迭代升级。

（四）内容的精准定位

新媒体时代的广播依靠技术，在内容定位上有了更多选择。传统的广播受发射台技术的限制，只能在小范围内进行传播，因此广播电台带有的地域特征，广播电台也会根据当地的听众需求进行节目内容策划。技术的提升打破了地域限制，使得广播传播的范围更广，其内容定位也发生了变化。广播内容的精准定位涵盖以下两个方面：

1. 广播内容的定制化

广播内容的定制化主要体现为窄播。窄播指的是互联网出现之后，广大听众出现分流现象而产生的新的传播形式。窄播分为点对面传播、点对点传播。

（1）点对面传播：点对面传播形式属于传授分离的传播形式，主持人与广大听众的交流较少，广播方掌握着更大的主动权。运用这种形式广播的主要有专业电台、单选频道等。

（2）点对点传播：点对点传播形式属于传授合一的传播形式，强调主持人与广大听众之间的互动性，受众拥有了更多的话语权，增强了互动性。运用这种形式广播的主要有音频点播、交互电视、准视频点播等。

当今时代，各大电台都在寻找着自身的个性化定位，通过运用现代技术来获得听众的需求与习惯数据，依此来制定个性化内容。例如，蜻蜓 FM 依据听众的不同爱好对其内容进行分类，分类界面高达 76 类。

2. 广播内容的精细化

过去，由于技术限制，听众只有在规定的时间内接收才能听到广播，所以以往的广播节目常常抱着占满时间的心态，对内容没有太多的要求。随着互联网的发展，大量的音频终端开始细分内容，广播节目朝着越来越细化的方向发展，特别是车载智能设备的出现使车内的广播收听不再只依靠广播电台这个渠道。广播电台要想打开市场，就需要进行精细化定制，打造更加吸引人的内容来吸引广大听众。

随着传播渠道的拓展，广播节目的内容也发生了变化，主要表现为大时段内容与碎片化内容分开制作。例如，广东新闻广播电台在春运期间针对不同的传播渠道制定了有深度、广度的内容，其的特点是信息量大，风格倾向于正面报道；其与企鹅 FM 联合推出的《春运故事》轻松幽默，富有娱乐性，强调软性新闻定位（其锁定的是春运路上的广大听众），该节目在 2017 年春运期间获得了约 1553.8 万次的播放量。[1]

---

① 曹晨辰：《移动互联网时代广播节目传播策略研究》，硕士学位论文，暨南大学传播学，2017，第 17 页。

五、广播内容的智能化生产

广播的特性是依靠声音优势，在传播速度上优于电视、纸媒。随着互联网带来的传播领域的变革，广播的这一特性被弱化。广播要求得生存，需要依靠新媒体技术，实现内容的智能化生产。

（一）AI+广播新技术

当下广播电台制作广播内容的流程包括以下七个步骤：

（1）用录音笔进行采访。

（2）导出音频内容，听写文字。

（3）利用编辑软件剪辑波形文件。

（4）撰写广播新闻稿。

（5）新闻内容审校。

（6）新闻稿配音合成。

（7）内容终审。

传统的广播内容生产靠人工完成，效率不高，准确率也无法保障。因此，广播电台也在尝试运用现代技术创新广播形式，如湖南广播电视台广播传媒中心尝试的"AI+广播新技术"联合实验室，通过AI技术设置中文语音文本智能编辑系统。这一技术的创新点在于，广播可以通过文字自动编辑语音，同时根据文字上下文已有的声纹情感信息，对剪辑进行智能化处理，达到语气、语义的自然过渡。从本质上说，"AI+广播新技术"减少了编辑人员在语音翻译及信号处理上的工作量，大大提升了广播声音编辑的效率。这一尝试对客观报道新闻有着积极作用，具有开创性意义，也意味着一些音频内容可以实现批量生产。

在"AI+广播新技术"的基础上，湖南广播电视台广播传媒中心尝试发展虚拟主播，采用现代人工智能技术，提取广播主持人的声音特征，再利用声纹识别技术合成声音，并模拟了主持人的语态、语感等，达到了逼真的效果，将虚拟主播投入应急广播中，提升了新闻的传播速度，提升了广播内容生产的效率。

（二）"中央厨房"方案

为了提升传播效率，广播也进行了内容上的集约化、流程化的探索，如"中央厨房"方案。例如，2017年3月31日，天津市启动了津云中央厨房，这是全国首个全媒体融合平台，实现了天津市"播、视、报、网"的全媒体融合，在全国媒体融合发展方面堪称首创之举。

（三）简化采编业务流程

中国广播云平台于 2015 年开始实施，这是以建设中国广播云平台为目标，面向全国广播电台、行业机构、个体用户开放资源共享与定制化服务的平台。该平台主要依托中央台、地方台的资源，运用现代技术，如云计算、大数据、智能检索技术等，实现各广播电台的关联。

从本质上说，中国广播云平台是对过去的采编系统的升级，依托现代技术进一步整合新闻采集、报题、写稿、编稿、审稿、发布、日播单、串联单、绩效考核等，真正从广播本身出发，构建一体化、智能化的采编业务流程。该平台内汇聚着新华社、移动端、手机端的互联网新闻信息，还有中央电台的各路记者、地方台记者、通讯员、观察员等，实现了传统的广播新闻采编业务与新媒体新闻发布业务的完美衔接，简化了采编业务的流程。

（四）"阿基米德"融媒体互动

阿基米德 FM 是一个能够提供服务的移动社交音频平台，"阿基米德"一名喻指可以通过每一个广播节目形成的支点帮助用户撬动声音的世界。使用它可以有效地拓展音频传输方式，通过图、文、音及多样化 H5 形式传递信息，让内容不仅好听，也好玩，同时可以有效聚集听众，增强互动性，在音频内容生产运营者与用户、用户与用户之间形成更为有趣的关系。

阿基米德 FM 通过强大的技术力量致力于实现广播音频的新媒体互动，互动体验超过了微信、微博；通过强大的数据团队力量提供传统广播的实时收听率数据，以达到直观科学地改进节目的目的。用户不仅可以通过阿基米德 FM 实现直播收听与回听，还可以随时与主持人在线互动，发现身边有共同爱好和话题的朋友。

第二节　打造广播强势品牌形象

一、品牌形象

形象是指通过看到的、听到的引发人们的思考及情感活动所产生的印象。

存在于世间的万物总是以某种形态或形象来表现自身内涵，各形象具有直观性、可感性。形象是客观事物的外在表现形式，形象所具备的特征也是事物具备的特征。另外，形象还具有综合表现性，主要表现为人们对客观对象的表象，会根据自己已经获得的知识与经验进行加工，经过综合分析之后得到较为稳定的、综合的形象概念。形象有好坏之分，一般来说，能给人愉快的、积极的印象的形象属于好形象，反之则属于坏形象。

人类对品牌形象具有认知能力，通过认知形象可以实现人的情感与意识的联系，其中通常包含信仰、观念、认同、美感等因素。人们对某一形象有了一定的认知之后，会产生某种感情或观念，引发相应的情感变化。广告商往往利用品牌形象传达出特定的、通过塑造的具有说服力的形象来说服消费者进行消费，因此品牌形象暗含着促销论点。

二、广播品牌形象的概念及特征

（一）广播品牌形象的概念

所谓广播品牌形象，指的是社会公众对广播这一媒体的整体直觉性概念，是广播根据自身文化及经营理念而树立的形象，以此来影响受众，并鞭策自我，朝着所塑造的形象而努力。广播品牌形象由广播内涵、风格及外在表象构成，通过广告、公共关系等进行展现。

早在 20 世纪 60 年代，大卫·奥格威就提出了著名的品牌形象论。大卫·奥格威认为，每一个产品、每一个品牌都应当形成一个具有鲜明个性的品牌形象。形象通过不同的形式传达给受众或者潜在受众。消费者购买产品，解决刚需，产品也迎合了其心理，令其愉悦。所以，在广告活动过程中，应当树立一个具体可感的品牌形象，并将其作为长期投资的形象一直延续下去。产品的品牌形象一旦形成，就会吸引与之价值观相一致的消费者，企业也会因此获得可观的利润。

品牌形象论是广告创意策略理论的重要组成部分，成为营销的重要理论。品牌形象的建立有利于企业建立一个正面的形象，这一形象将直接关系到产品的美誉度，表现出产品的独特性，并且直接影响消费者的购买意愿。

对于今天的媒体大环境来说，各媒体之间的竞争越来越激烈，表现为电视频道的增加、播出时间的增加、纸媒版面的扩展以及新媒体大市场的形成。这使得受众人群出现分流，媒体之间的竞争进一步加剧。要在激烈的斗争中求得生存，就要树立良好的品牌形象。品牌形象在今天直接关系到广播节目内涵的表达，同时是区别于其他媒体的根本特征。

（二）广播品牌形象的特征

广播品牌形象特征由两部分构成：一部分是广播媒体内在的特征，另一部分是广播媒体外在的特征。广播本身是客观存在的、具有传播意义的媒体，通过形象塑造可以使之生动化，变成具体可感的、富有人情味的客观存在。一个形象由其外在的表现及内在的表达组成，传达出的是丰满的、个性化的形象。

1. 广播媒体内在的特征

广播媒体内在的特征指的是广播媒体在传播过程中表现出的深层东西，包括价值追求、精神追求、内在张力等，整体上反映出广播节目的质量好坏、服务好坏等。广播媒体内在的特征是在一定时间内经过积累得出的结果，是难以被模仿、难以被超越的。

2. 广播媒体外在的特征

广播媒体外在的特征指的是受众在短时间内能直接感知到的内容，如不同的广播电台的风格不同，中国之声严谨、大气，音乐之声轻松、愉悦，它们都是大众喜爱的广播。广播媒体外在的特征还体现在节目风格、主持人风格、广播频率等方面。广播媒体外在的特征是容易被模仿的，不像内在的特征那样难以模仿，一些传统的媒体改革时常进行模仿，就是抓住了广播媒体外在的特征，所以当一个节目受到广大听众的喜爱时，就会涌现出同质化的节目。

三、打造广播品牌形象的步骤

在广播节目同质化的今天，要吸引广大听众，得到广大听众的信赖与认可，就要从打造广播品牌形象入手。打造广播品牌形象是决定其是否具有生命力的关键。如果品牌形象能让听众产生认同感，则听众对广播的质量、服务及信誉是认同的，那么该广播也会获得比一般广播更多的心理认知上的价值。

广播品牌形象的建构是一个漫长且复杂的过程，其步骤非常关键，共分为四步（图 5-2）。

图 5-2 广播品牌形象建构流程

（一）前期调研

当今是大数据时代，前期市场调研可通过分析竞品及市场流行状况确定宏观的广播品牌，为广播形象的构建提供发展方向及发展目标。打造节目品牌形象及打造品牌的核心价值是决定一个品牌是否受欢迎的关键因素。前期调研工作应当围绕品牌形象、品牌的核心价值、受众期望、媒体资源、媒体优势、未来发展前景等进行调研。前期调研是一个综合性的工作，需要搜集原始数据，打通广播的生产、传播、接收的各个渠道，还要做好广播营销工作，全方位地助力广播品牌形象的生成。

前期调研需要围绕调研什么、调研方向等展开，一般分为外部调研与内部调（图 5-3）。

通过外部调研和内部调研，可以全面地把握电台的优势及市场情况，有助于创建具体、精准的品牌形象。

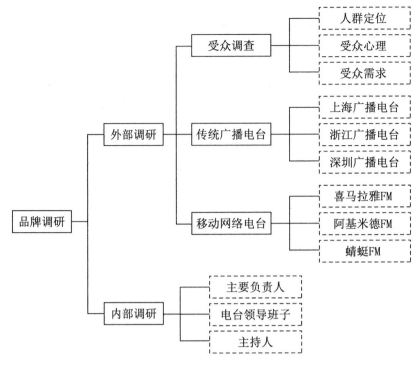

图 5-3　品牌调研的具体内容

（二）用户画像

传统的广播通过基础研究法、抽样法、电话法、日记卡法及虚拟测量仪法统计收听率，这些统计方法通常需要大量人力、物力的投入，且其测算还会因为数据的不完整而产生偏差。大数据时代，大数据技术可以帮助广播节目轻松锁定用户画像，了解听众的收听喜好、时间分布、互动等信息。

智能手机的普及使得人们使用智能手机的时间及频率增加，用户的行为数据也越来越明显。依靠大数据技术所收集的数据具有精确性、实时性、动态性等特征，电台通过精准数据的研究，可确定差异化的内容、迎合听众的方法等，提升广播的品牌形象。

例如，微信的公众平台的数据分析非常细致，包括用户的性别、年龄、所在区域、阅读次数、转发次数、留言等，方便总结与分析。有了这些数据，就能清楚受众的属性，完成清晰的品牌建构，再依照用户的喜好构建相应的品牌形象。

基于大数据构建用户画像，促进品牌形象的形成。一方面，广播品牌形象指引节目从节目策划、选题、活动等方面发力；另一方面，广播质量的提升也促进了广播品牌形象的提升，两者在良性互动中可吸引更多的听众，在激烈的竞争环境下求得生存。

（三）品牌形象定位

广播品牌形象定位以广播电台的定位为前提，且需要建立在广播产品的定位之上。因此，广播的品牌形象定位需要考虑广播电台的定位及广播产品的定位。在定位之前要充分了解广大听众的需求，塑造一个能吸引广大听众的、抢占听众心智资源的形象。只有形成明确的品牌形象，才能顺利开展后续的品牌形象设计活动，才能促进品牌形象顺利推出，并受到广大听众的喜爱。当前，广播内容同质化倾向严重，如果有了清晰的品牌形象，则会指导广播各环节有条不紊地运行，避免盲目性。鲜明的品牌形象也会给广大听众留下深刻的印象，从而获得持续较高的收听率。

要使品牌形象在众多的广播品牌中脱颖而出，就要寻找差异化内容。差异化表达是品牌发展的初级阶段，是"人无我有"的阶段，要实现有竞争力的品牌形象，就需要寻求个性化的品牌形象。品牌形象个性化不仅能抢占听众的心智资源，还能在所有的利益关系中占据明显优势。听众可能认为"这个节目就是我的心声"，"这个节目能彰显我的品位"，"这个节目体现了我的个性"，"听了这个节目，我觉得找到了知己"。现代社会，人们听广播不仅是为了获取信息，还为了获取信息之外的体验、共鸣、陪伴等。广播切入听众内心最直接的方式就是通过情感线索与听众产生共鸣。

要实现个性化的广播品牌形象定位，可以从以下两个方面入手：

1.品牌形象微观定位

塑造广播品牌形象的目的是使广播品牌在听众心中占据一定地位，引导广大听众认知广播品牌，并根据自我喜好产生品牌偏好，进而影响听众的印象，使其形成对广播品牌形象的认同，进而提升收听率。美国品牌研究大师大卫·A.艾克、爱里克·乔瑟米赛勒认为：品牌定位能突出品牌识别的焦点。它确定了传播目标，即什么样的信息最能体现差异化，最吸引目标听众。[①]品牌形象的微观定位可以从下三个方面入手（图5-4）。

---

① 大卫·A.艾克、爱里克·乔瑟米赛勒：《品牌领导》，曾晶译，新华出版社，2001，第31页。

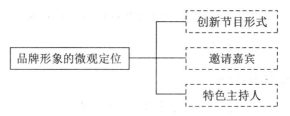

图5-4　品牌形象的微观定位

（1）创新节目形式。在同质化节目竞争激烈的今天，广播节目形式的创新成为吸引听众的重要手段。广播品牌形象通过广播节目的形式表现出来，所以创新节目形式能有效提升广播品牌形象。

广播竞争日益激烈，要实现形式创新并非易事。在众多创新形式中，结合社会流行话题、热点成为广播形式创新的重要途径。就当下的流行话题来看，健康、养生、运动是主流，广播节目可以发挥其声音伴随性的优势开发相关内容，如开发纯音乐、励志音乐，方便人们在养生、运动等不同的场景下收听。主持人可在听众收听过程中穿插心得、体验等语言表述，让听众更有陪伴感。

依托现代技术开展广播可视化也是广播品牌形象拓展的途径，如美食类节目。传统的广播一般不涉及美食节目，因为单靠声音无法触及人们对美食的体验。如今广播依靠现代新媒体技术实现了可视化，主持人主持的过程中会有图片及文字内容，并伴有主持人的声音及背景音乐，给听众以全新的收听、收看体验。

（2）邀请嘉宾。通过邀请嘉宾的方式来吸引听众，是发展广播品牌形象的一大途径。邀请嘉宾是一项双向共赢的尝试。一方面，广播节目邀请到相关领域的专家，可以提升节目的专业性，更容易吸引听众；另一方面，嘉宾通过参加权威的广播节目，增加了个人的阅历，提升了个人的知名度。从广播品牌形象的定位出发，应当考虑选择什么样的嘉宾、嘉宾在专业领域的知名度、相关的话题、嘉宾的表达能力等。

可以说，合适的嘉宾能给广播节目带来不少亮点，直接促进广播的高质量发展。一般邀请的嘉宾分为两种：一种是固定嘉宾，另一种是轮换嘉宾。

固定嘉宾每一期都参与，节目围绕当下的社会热点、经济现象展开，解读事实真相。主持人穿针引线，抛出当下社会的问题后，嘉宾就问题进行分析和解答。在讨论过程中，主持人还可以进行提问、交流心得等，使节目具备热点性、互动性、专业性。

轮换嘉宾在广播中也比较常见。针对不同的话题邀请不同的嘉宾，这样的节目能给听众带来更多的新奇感，邀请到的嘉宾更具针对性，但广播制作的前期协调工作变得繁杂。有的广播节目凭借着多年积攒下的资源，借助嘉宾的名人效应，使得广播节目受到大众的普遍关注。

（3）特色主持人。广播品牌形象的定位还需要依托主持人自身的品牌，主持人自身的品牌直接影响了节目的质量，也是衡量是否受听众喜爱的重要依据。知名的主持人能为节目带来无限活力，节目品牌与主持人品牌互相成就。离开了主持人，广播的品牌形象就无从谈及；脱离了广播的品牌形象，主持人也就失去了主持方向。在广播品牌形象定位的过程中，主持人要与节目的风格一致，如一些官方的节目需要选择发音字正腔圆的主持人来主持，如果是娱乐性节目，则要选择幽默诙谐的主持人主持。应当实现广播内容与主持人的高度融合，一般来讲，可以通过以两种途径打造主持人：

①外部驱动。外部驱动是围绕广播电台的品牌形象进行主持人的打造。有的电台主打专业内容，主持人应当扮演知性、时尚的角色；有的电台主打娱乐内容，主持人的声音特点应是甜美、温柔，使广大听众有亲切感。总之，主持人应围绕节目定制自己的主持特色，以听众喜爱的方式主持节目，从而获得更高的收听率。

②内部驱动。主持人经过日常的经验积累，加上平时的刻意练习，逐渐成长为经验丰富的主持人，并在主持的过程中形成个人的风格。例如，专注于情感类节目的著名主持人叶文创办了《叶文有话要说》，主持人叶文凭借多年的主持经验，形成了直率、犀利的主持风格，面对家庭矛盾中有过错的一方能直言不讳地指出问题的症结，从而树立了鲜明的主持人形象，其所主持的节目也明确了品牌形象。

2.品牌形象宏观定位

品牌形象还可以从宏观上定位，一般从文化、价值观、情感方面定位（图5-5）。

图 5-5　品牌形象的宏观定位

（1）文化定位。品牌形象个性化针对的是收听广播的听众，所以要考虑听众的需求，围绕听众的需求开展微观的定制化服务。从文化背景切入，可以辐射更多的听众，也保证了定位的准确性。广播电台本身依靠专业性取胜，广播品牌形象注重文化性能使听众在收听的过程中，潜移默化地接受文化的熏陶，逐渐对广播品牌形象形成长久的记忆，对广播所传递的信息及价值观信任有加。

（2）价值观定位。价值观定位也是透过微观角度去关照宏观，通过宏观视野来打造品牌形象。广播品牌形象虽然是为广大听众所定制的，但不能浅显地理解为广播的内容及形象要依照听众的喜好来设定，广播品牌形象还要将所有听众的整体的世界观、价值观表现出来，使品牌形象得到升华，表现出人性关怀。有了价值观的定位，形成了听众心中长久的信任机制，听众更愿意跟随广播的创新与发展，因为听众在潜意识里已产生了对广播品牌形象的深度认同。

（3）情感化定位。当代很多听众收听广播是为了寻找情感上的共鸣，因此广播内容能否与听众产生共鸣决定了广播能否受到大众喜爱，能否长久生存下去。随着物质生活的极大改善，除了物质享受之外，人们还希望通过消费来满足精神方面的需要。除了接收必要的信息之外，听众收听广播的重要目的是放松心情，获得精神上的愉悦。当听众根据自己的需求选择适合自己的广播节目，并从中产生了情感上的共鸣，那么听众很容易在之后的相同场景下再次打开广播进行收听，这时广播品牌扮演的就是陪伴者的角色，听众将通过声音与广播品牌产生强关联，成为广播的忠实听众。

（四）确定品牌形象核心价值

当下的广播领域一旦出现了受欢迎的节目形式和内容，各大广播电台就会争相模仿，因此同质化现象严重。广播品牌只有确定了无法复制的核心价值，才能使节目富有生命力，在同质化的内容中脱颖而出。确定品牌形象的核心价值的策略如下：

依托电台的资源优势、主持优势、技术优势等，打造差异性节目，这是品牌形象核心价值的体现。例如，电台有着优秀的撰稿人，可以在较长的时间内保持高质量的创作，这会形成较强的传播力，在广大听众中得到很好的反响。例如，中央人民广播电台的中国之声依托国家权威资源及地方资源所打造的节目具有宏大性，这是地方广播电台所不具备的。地方广播电台应当充分挖掘地方特色，深入挖掘听众的兴趣爱好，策划出广受欢迎的节目。

一档广播品牌节目的成功离不开中间的各个环节的密切配合，其中有一个或者几个关键人，如主持人、嘉宾、采编团队等，关键人对广播品牌形象核心要素的形成起着决定作用。

有的广播节目的主持人为关键人，节目的内容和平台都是围绕个人的风格进行打造的，主持人对节目的内容选择、表达和声音的传递等都至关重要，这是主持人带领下形成的个性化的广播品牌形象。

嘉宾成为关键人同样是其他节目无法复制的核心价值。嘉宾是独一无二的，代表着一个领域的前沿观点或潮流。嘉宾的个人魅力通常会吸引一批听众，嘉宾身上的标签是其他节目无法模仿的。

四、广播品牌形象的推广

广播品牌形象的形成要经过广大听众的耳朵，在听众中产生反响，才能达到宣传的目的。广播品牌形象的推广是品牌形象宣传的一个过程，是广播电台运用一定的传播媒体与传播对象相互作用的过程。广播品牌形象推广的目的是使广播品牌形象广泛植入听众的大脑，成为听众心中的刻板印象。

广播品牌形象的推广一般可以采用以下策略：

（一）事件传播彰显广播品牌形象

事件传播分为突发事件传播和媒体事件传播两种。突发事件又分为自然突发事件和人为突发事件，地震、洪水、泥石流、蝗灾等属于自然突发事件，爆炸、交通事故等都属于人为突发事件。媒体事件是从电视媒体事件引申而来的，包括竞赛、政府行为、加冕等，这些事件也适合通过广播进行传播。

以上两种事件涵盖了新闻报道的大部分内容，是近年来报道的重点。这些事件影响深远，涉及范围广泛，具有聚焦性。处于新媒体时代的广播要使广播品牌形象得到推广，需要通过这些大的事件"造势"，从而提升广播的社会影响力，为树立正面的品牌形象打下基础。

（二）活动传播提升广播品牌形象

活动传播指的是广播电台凭借自己的社会影响力，利用当时的热点整合各种社会资源，举办各种活动，以此来吸引听众及广告商参与，以提高广播效益，实现广播品牌形象的传播，这是近年来广播品牌形象推广的主要方式。活动传播的实质是按广播电台品牌发展的需要组织相应的活动，实现品牌形象的推广，是造"事"生"势"的过程。

新媒体时代的活动传播主要有三种形式（图 5-6）。

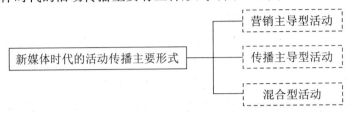

图 5-6　新媒体时代活动传播的主要形式

1. 营销主导型活动

营销主导型活动指的是广播电台主导的活动以促进广告销售、获得广告收入为主要目的，以广播品牌形象的宣传为次要目的。

2. 传播主导型活动

传播主导型活动指的是广播电台为了提升品牌形象的影响力，不以赢利为主要目的，通常会举办一些公益性的活动、媒体周年庆等来提升品牌形象，积攒人气。

3. 混合型活动

混合型活动指的是活动兼具营销及传播的性质。广播电台在活动中既实现了广告收入，又提升了自己的品牌形象。混合型活动一方面伴随着品牌推广行为，另一方面通过广告商和广大听众的积极参与来制造出庞大的气势。

举办活动可以增强广播电台的主动性，使得广播电台不仅成为新闻的发布者，还成为新闻的制作者。广播电台通过举办一系列的活动，可提高自身的社会关注度，同时吸引一部分听众，提高广播的收听率。尤其是举办的传播主导型活动，参与到公益事业中，可以在听众中提高美誉度，进一步提升广播品牌形象。

（三）公关策略助力广播品牌的正面形象打造

公关策略指的是各种用于改善、维持或保护组织及其产品形象的规划设计。公关活动实质上就是传播信息，协调关系，树立形象，谋求发展。公关活动的目的是通过参与公益活动、公益事业、赞助活动等来提升广播品牌形象。

公关活动具有低成本、高可信度、强吸引力的特征。常见的媒体公关活动如下：

（1）公益活动。

（2）组织名人出席公共活动。

（3）参加社区活动。

（4）适当开放广播媒体。

（5）接受公众参观。

一些广播电台通过参加公关活动获得了正面的广播品牌形象。一方面，广播媒体通过参加公关活动加强了各资源之间的联系，同时与广大听众建立起情感桥梁，如广播媒体参加慈善活动，建立起广播媒体的社会关怀形象，使广大听众感受到其亲和力；另一方面，公关活动很好地吸引了听众的关注，与活动传播相比，可以节约成本，此外，公关活动还能控制规模与走向，促进广播品牌正面形象的形成。

（四）听众服务策略提升广播品牌形象的亲和力

听众是广播品牌形象的主要评判者，听众如果肯定这一形象，则会对广播进行固定收听，广播会因此获得长久的关注。听众如果对某一广播品牌形象无感，则可能失去收听的耐心，转向收听其他广播，此广播很可能因此失去忠实的听众。当然，要提升广播品牌形象，有多种方法，听众服务直接影响着听众的收听体验，所以应当将提升听众服务作为提升广播品牌形象亲和力的主要手段。

提升听众服务的途径有以下几种：

首先，在广播过程中体现出对听众的关怀。广播的采编、制作、销售等环节都为听众考虑，坚持"听众至上"的原则，塑造一个贴近听众生活、做听众知心朋友的形象。

其次，依托广播本身的优势，服务广大听众，增强广播的互动性，尽可能吸引广大听众参与到互动中，畅所欲言，表达看法。

最后，吸引广大听众参与到品牌形象的构建中，如在媒体网站上发布邮箱等，广纳意见，通过开设论坛的方式让听众畅所欲言。广播电台秉持谦虚谨慎的态度，按照自身的品牌建构来调整广播内容，进一步完善品牌形象在听众心中的印象。

第三节　广播的生态化传播

新媒体时代，广播的传播生态发生了变化，使得广播传播渠道及传播平台增加，并表现出不同的特征。广播在新媒体大环境下进行生态化传播。

一、新媒体时代的传播生态及传播语境

（一）新媒体时代的传播生态

互联网的普及催生了新媒体，也全面影响着传媒生态的变化，促使其朝着与互联网相适应的方向发展。可以说，新媒体时代就是建立在互联网技术的基础上的，它依托数字技术，推动着新媒体传播生态的发展。

新媒体时代，传播生态的基本特征包括以下几个方面：

首先，互联网成为国民接收信息的主要渠道，特别是智能手机的普及，使得移动互联网成为接收信息的便利渠道。

其次，网络新闻用户规模大幅度增长，网络新媒体成为新闻消费的主渠道，加速了传播语言的变革。

最后，视频用户不断增加，网络视频消费明显增多。

（二）新媒体时代的传播语境

新媒体时代的传播语境发生了变化，表现在以下四个方面（图5-7）。

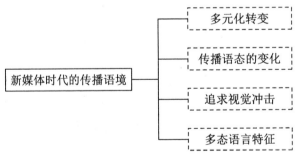

图 5-7　新媒体时代的传播语境

1. 多元化转变

互联网产生之前，我国的媒体包括报纸、广播、电视、杂志。互联网

产生之后，个人成为平台内容的创作者，特别是移动互联网的产生使得个人通过网络平台实现了更高程度的自由，这就形成了传统媒体与新媒体两大阵营，这两大阵营并非对立的，而是"两大舆论场"，打破了传统的一元化。新媒体时代传播语境有了极大的变化，受众有了更大的话语权。

2. 传播语态的变化

新媒体时代，传统媒体逐渐失去垄断地位，人们更倾向于通过新媒体获取信息。这也促使传统媒体改变自身的话语陈述方式，由习惯于用"俯视"口吻发布各种信息与新闻转向以平等对话的方式与广大受众交流，其话语表达发生了根本性的变化，变得更加亲民。

3. 追求视觉冲击

互联网时代的信息铺天盖地，传播主体、传播渠道不断变化，呈现出多样化。受众处在信息爆炸的环境中，高效地接收信息成为一项必备的技能。对于大多数受众来说，要获得较全面的信息，就需要改变阅读策略，将深度阅读变为浏览式阅读。受众的这一心理变化使得传播者更加注重内容的选择及标题的拟定。

4. 多态语言特征

新媒体时代是依托数字化技术的时代，也就是说，任何形态的信息呈现都可以通过数字化技术转变，因此新媒体时代带来的是全新的信息呈现方式，给人带来更深的体验。传统媒体时代需要依靠不同的媒体来获取不同的信息，如阅读报纸图文、收听广播声音、观看电视视频等。而数字技术实现了不同内容在同一平台上播放，受众获取信息变得更加简单。从表面上看，新媒体实现了信息选择权的平等，但动态视觉符号包含的信息量变大，所以受众多会选择直观和省力的方式获取信息，这也印证了新媒体时代是追求视觉冲击的时代。基于这一现状，传统媒体需要借助数字技术及自身优势，发展与时俱进的传播形式。

二、生态位策略与广播的专业化传播

从生态学角度观照新媒体时代的媒体，可以发现"任何一种媒体都必然有其特殊的时间与空间的生态位，亦即有其特殊的生存与发展的土壤和条件，以及它在这一状态下的特有行为和作用，很少有两种媒体能长期占有同一个生态位"①。不同媒体要想和谐发展，需要实现其生态发展。一些学者提出了媒体的共存需要错位发展，这有一定的道理，因为错位发展包括寻找原始的生态位以及错开生态位。②

将生态位理论运用到媒体中可以有序指导媒体的发展，同时可以避免媒体市场的恶意竞争，稳定市场大环境。对于广播电台来说，每一个广播电台都有其独特的生态位，或者说拥有其生存和发展的客观环境。遵照生态位理论，广播电台应朝着专业频率设置的方向发展。在此过程中，应当注意以下几个方面：

（一）打造原始生态位内容，避免恶意竞争

广播电台通常将增加广播频率作为拓展业务的手段，但新增的广播频率需要进行前期的调研，寻求新的内容发展方向，避免造成同质化内容。一些有经验的电台新增广播频率是基于市场的客观需求，从市场角度切入，进行新的突破。

这里需要强调的是，生态位理论反对盲目投资、恶意竞争，但也不能一味地为避免上述现象而故步自封。广播电台应当与时俱进，选择具有一定市场容量、消费能力的空间进行拓展，使广播频率具有可操作性和可经营性。

（二）广播电台的各个频率应当整合资源，独立生存，稳定发展

例如，北京人民广播电台制定了"红绿黄灯"原则，对电台内的专业频率进行统一调控，并进一步形成了"有所放弃"原则、开荒理论、"有所避免"原则等，实现了台内资源的充分利用。③

再如，上海东方传媒集团有限公司在 20 世纪 90 年代组建了东方电台、上海电台，针对两家电台同质化、低层次竞争的现状，上海东方传媒集团有限公司制定了"整合频率资源，明确节目定位，优化人员配置，打造强势品牌，形成竞争优势"的目标，进一步整合资源，通过设置不同的频率，明确分工，实现了各频率的生态位划分。

---

① 邵培仁：《传播生态规律与媒体生存策略》，《新闻界》2001 年第 5 期。

② 刘春花：《媒体求变与"生态位"现象》，《中国广播》2003 年第 4 期。

③ 降巩民：《服务意识的体现是广播专业化的本质》，《中国广播电视学刊》2003 年第 2期。

（三）保持专业频率的优势

生态位的设置是为了避免恶意竞争，但鼓励在良好的市场环境下的公平竞争。广播通过生态位理论的运用可实现专业频率的个性化、专业化发展。

1. 发挥区域优势，打造本土化内容

与地方电台相比，中央人民广播电台的覆盖率远远大于地方电台，但地方电台也有自身的优势，其所积聚的听众较为集中，通过本土化的内容构建可以体现地方特色，通过差异化的错位竞争可维持和促进电台的生存与发展。

地方电台的生存法宝是本土化的内容运作，根据本地听众的喜好来规划节目及内容，通过本土化视角去创新非本土化的内容，从而获得本地听众的关注。一般来说，容易打造的本土化电台是新闻广播、交通广播等。以交通广播为例，专业频率的服务对象主要是当地听众，广播电台根据城市交通，建立一个覆盖面广、稳定的信息网络，联动交通管理部门，播出听众关心的路况、天气等信息。例如，安徽广播电视台交通广播为了避免与合肥市的交通广播内容发生冲突，将广播频率定位为"省域交通的参与者"，并通过打造大交通意识，强化多元信息理念，避开了与合肥交通广播的同质化内容，取得了互利共生。

2. 提供特色化服务，打造专业品质

特色化服务强调频率定位与竞争对手有所区别，还注重节目本身的与众不同，突出表现为电台有着鲜明的个性，可以通过自己的特色吸引听众，在栏目设置、主持风格、互动方式上都有其他电台无法超越的优势。例如，中国之声的打造就凸显了中国之声新闻频率作为国家对外宣传的媒体的独特性，其以"与世界同步，与时代同行"的传播精神，贯穿着"新闻时效第一，探索新闻视野第一，解读新闻全面公正"的创新理念，成为新闻频率中具有特色的电台。

3. 从资源位空缺中寻找频率，建立内容优势

一般来说，听众的个性化发展趋势说明广播电台不会出现一家独大的局面，而是允许其他专业频率存在，以满足听众的个性化需求。所以，新设的电台频率可以对竞争对手的现状开展客观分析，找到其资源位空缺，以此来

定位自己的内容，建立起专业优势。例如，音乐之声在定位之前分析了北京人民广播电台音乐频率的节目特征之后，将频率定位为"音乐频率"，确定了"用音乐说话"的基调，要求节目主持人尽量减少主持时间，将其控制在每小时七分钟，节目力图通过音乐来表达思想及情感。这种形式得到了广大听众的认可。

第六章　新媒体时代广播报道的传播创新策略

第一节　广播时政报道多样化探索

每年的"两会"期间，中国之声从广播端为广大听众报道"两会"内容，成为受众了解"两会"的主要渠道。在 2021 年"两会"期间，中国之声报道实现了广播端与新媒体端的融合，实现了多角度、多层次、立体化的传播效果。

一、中国之声 2021 年全国"两会"报道的创新

2021 年全国"两会"报道过程中，中国之声在报道上具有以下特点。

（一）在报道形式上，实现了"轻量化"报道

所谓"轻量化"报道指的是短小精悍、新颖活泼、浅显易懂的报道形式。以往的时政报道因为涉及的内容庄严、严肃，所以在报道风格上是严肃、庄重的，但容易让听众失去收听兴趣。互联网时代，人们接收信息的方式呈现出碎片化特征，广播实施"轻量化"报道，符合年轻群体的内容消费特征。所以，在 2021 年"两会"期间，除了一些常规的时政报道之外，中国之声还围绕习近平主席的重要活动进行策划，推出了大量"轻量化"的报道，成为学习领会习近平新时代中国特色社会主义思想的重要窗口。

（二）在专题节目上，实现了个性化表达

2021 年"两会"期间，各媒体都在争相报道相关内容，从雷同的内容

中找到出彩的地方是难能可贵的，也是对各媒体报道能力的考验。传统的新闻产品已经不能满足人们的个性化需求，所以必须求新求变，以满足大众的审美需求。中国之声依靠整合各方面的优势，创新报道形式，推出了大量具有特色的节目，实现了多角度、多层次、立体化传播。

1. 个性化专栏设定

2021年"两会"期间，中国之声开发了《新闻和报纸摘要》《全国新闻联播》等重点节目，围绕"十四五"规划及2035年远景目标策划了"启航'十四五'，奋进新征程"的主题，每天围绕着一个发展主题展开报道，如《谋篇双循环，开辟新格局》《扩内需，激活力》《绿色发展，和谐共生》《对外开放，合作共赢》《巩固成果，振兴乡村》等报道。这些报道有一个共同的特点，就是高瞻远瞩，具有战略性；在创作手法上情理交融，具有较强的说服力，通过不断的思想碰撞，坚定信心，共同奋斗。

2. 打造差异化，突出个性

2021年"两会"期间，中国之声设置了四档特别节目（表6-1）。

表6-1 2021年《中国之声》四档特别节目

档期	时间	节目名称	性质
第一档	12：00—13：00	《央广会客厅》	高端访谈
第二档	13：00—14：00	《两会你我他》	平凡故事
第三档	19：00—19：30	《代表》	代表履职
第四档	19：30—20：00	《两会锐地带》	青年论坛

（1）《央广会客厅》：《央广会客厅》是延续了19年的高端访谈节目，所邀请的嘉宾都是省部级代表委员，围绕中央推进的重点项目及民生关注的话题来畅谈施政方略。节目制成精致的小视频，同时在媒体融合端传播，有热点、有看点，取到了很好的传播效果。

（2）《两会你我他》：2021年，中国之声推出了《两会你我他》这一形式，策划了融媒体特别节目，实现了央视新闻频道、央视新闻新媒体、央广中国之声、国广环球资讯广播同步播出。节目整体围绕普通人的愿望展开，表现了普通人对美好生活的向往以及通过不懈努力实现梦想的过程，展现了普通大众坚韧不屈的奋斗精神，微博端的＃两会你我他＃的阅读量突破了3.9亿，可见其关注度高。

（3）《代表》：《代表》是中国之声推出的特别节目，对十位全国人大代表的履职经历进行了记录，并对他们进行了采访，展现了代表们的集体形象，见证了他们的成长历程。节目还精心设计了"快问快答"环节，通过普通大众的提问来向公众答疑，这些提问直白又不失风趣，展现了节目的趣味与张力。

（4）《两会锐地带》：聚焦青年人群的《两会锐地带》以青年问、青年答的形式展开，在每期开篇时这样说："有人年轻过，有人正年轻。关心时事，理解我们所在的中国，是我们成长的一部分。"其道出了关心时事是每个青年的责任与义务。

3. 与学习强国平台合作，凸显个性化

中国之声与学习强国平台强强联合，学习强国将中国之声的直播界面在平台上推送，定时上传当天的《新闻和报纸摘要》，还将中国之声的《启航"十四五"奋进新征程》《你身边的两会》等栏目以卡片的形式置顶在《听新闻报摘》上，实现了"两会"融媒体报道的新格局。

第二节　广播重大事件报道时效与互动创新

广播电台在灾难来临之际，要发挥其通信功能，积极传递信息、提供资讯、引导舆论、坚定信心，在重大自然灾害面前肩负媒体责任。对于重大自然灾害的报道，广播电台应当突出及时性，发挥广播的优势，展现新媒体时代的融合报道新面貌。

台风是我国东南地区常见的气象灾害。以 2019 年 8 月的"利奇马"为例，2019 年 8 月 10 日凌晨，"利奇马"在浙江台州温岭市城南镇登陆，登陆时强度为超强台风级，中心附近最大风力 16 级，相当于 52 米/秒，是 2019 年以来登陆我国强度最高的台风。尽管"利奇马"已减弱为强热带风暴，但是所到之处携风带雨，威力不减。面对如此大的自然灾害，媒体及广大工作者展现的是大无畏的奉献精神，他们深入灾害第一现场，对灾情进行及时、深度报道，展现出媒体人的敬业。在突发事件报道中，广播电台积极探索新的广播形式，取得了很好的传播效果。

一、浙江之声"利奇马"台风的直播策略

在台风"利奇马"来袭时,浙江之声运用广播与新媒体结合的方式,直击新闻现场,通过新媒体端的互动与服务来推进广播内容的传播,抢占了舆论传播的主阵地。其节目《直击台风"利奇马"》创造了61小时不间断直播纪录,开启了广播直播新策略。浙江之声在传播过程中主要在四个方面创新广播直播策略。

(一) 通过直播体现电台的公信力

"公共性突发事件的权威发布都源于传统媒体,深度持续报道和重大政策的发布也大都由传统媒体进行,在媒体融合环境下传统信源仍然占绝对主导地位"①,所以传统广播媒体在突发性事件报道上仍然占有核心优势。当下,随着智能手机的普及,社交媒体往往成为事件的传播源头,但公共媒体的公信力仍然保持着绝对地位。

在台风到来之际,浙江人民广播电台借用了省防汛防台抗旱指挥部的直播间,以便派驻记者能及时传达省委、省政府的相关决策,还邀请到了防汛防台风的专家,现场为广大听众分析台风的动态,向外界传达抗击台风的第一手信息。

在公共性突发事件发生时,权威性媒体应当抓紧时间,以最快的速度向社会发布简要信息,这是必要的。广播直播节目能以较快的速度传播信息,而且直播的都是来自权威部门或者记者亲眼看到的事实,有效地确保了信息的准确性。

在2019年的8月10日晚,台风登陆台州,台州临海古城被洪水围困,有的地方积水深度达1.5米,不少群众未及时撤离,引发恐慌。浙江之声第一时间发布了临海古城水位在持续下降的消息,一下子稳定了受困群众的情绪,避免了因恐慌造成人员的伤亡。在整个直播过程中,广播节目突出了时效性、权威性,使得广播的公信力得到体现,提升了广播的品牌形象。

(二) 连线新闻核心当事人

在该次台风的直播活动中,浙江之声派出了多位融媒体记者奔赴受灾一线,为听众第一时间带来现场播报,内容如下:

---

① 郭睿棋:《新媒体时代下传统媒体的式微与优势》,《参花(下)》2018年第5期。

（1）"利奇马"台风的登陆时间、登陆点、未来走势、风力等。

（2）在台风登陆点温岭，直播登陆时的海塘现场。

（3）直播距离台风登陆点较近的玉环、乐清等地的现场。

（4）未来的交通情况。

同时，浙江之声还连线了奋战在抗灾一线的广大救援人员，通过采访新闻核心当事人，让听众有如身临其境。例如，主持人连线嘉兴蒲岐镇东门街村村委会干部，采访新闻核心当事人，了解现场的情况，使听众获得了最直接的信息。村委会干部针对记者的提问进行了回答，收听节目的观众就可以有更为具体的现场感受。

（三）强调互动与服务

在这次台风直播中，浙江之声每逢半点、整点都会滚动播出各部门发出的防台防汛提示，并在浙江之声的微信端临时设置高速板块，密切关注天气信息，提前预警；同时从不同渠道与广大听众及网友互动，从中了解大众的需求。这些充分体现了浙江之声的服务意识。例如，电台通过邀请嘉宾的形式讲解一些实用性较强的知识，如暴雨中车辆的处置办法、灾后疾病的防治与消毒等。

新媒体时代互动性增强，借助互联网技术可以实现广播电台与听众之间的实时互动，广播直播通过新媒体端实现了收听，通过微信、微博端实现了互动，大大方便了广播电台与广大听众之间的互动。

（四）通过媒体融合提高传播力

在这次台风直播过程中，前线记者克服重重困难，发回了大量一手资料，包括广播报道、图片、小视频，这些资料成为媒体融合报道的内容，借助微信、微博、抖音、快手等平台进行传播，实现了全网覆盖，实现了信息的最大范围传播。

浙江之声通过深度的媒体合作，在重大公共性事件面前掌握了权威性与主动权，从以往单一的线性报道发展到多元化的报道渠道，扩大了传播范围，极大地壮大了广播自身，凸显出了其核心竞争力。

二、台州广播电视台"利马奇"台风的媒体融合报道

台州广播电视台（以下简称"台州广电"）充分发挥广播电视的优势，利用媒体融合的形式，以"直播＋特别节目＋资讯滚播＋短视频"的模式，

紧跟"利马奇"台风的步伐,第一时间播报,取得了良好的传播效果。

(一)体现广播服务大众的功能

2019 年 8 月 8 日,在台风到来之际,台州广电各电视频道通过下方滚动字幕的形式发布台风动态以及防范台风的知识,随着响应级别的提升,滚动字幕的频率不断提高。8 月 9 日,台州广电各电视频道停止了所有节目,临时播放市长讲话、防范知识、防台风技巧、全市防台风资讯等。

台风登陆后,造成了临海古城历史上最大的洪水,很多城区的交通中断、电力中断、信号中断,许多市民通过台州广电求救。台州广电的广播、电视、App 全部上站,为受灾群众提供帮助,播报台风的动态及当前的受灾情况,及时稳定了受灾群众的情绪,增强了大家抗洪救灾的信心。灾害使信号变差,容易产生各种负面信息,混淆视听。此时,台州广电通过舆论整合,及时消除谣言,稳定群众的情绪。

广播电视媒体面向大众,触及社会的各个层面,在灾害事件报道中能够成为积极联络各部门、组织全社会力量参与抗灾救灾工作的"协调员"。台州广电交通广播在台风"利奇马"的直播报道中,与微信听友互动达 5 600 多条,接听救助电话及回复留言 1 560 人次,为救援队伍指引道路、为受困群众协调求助,为爱心人士捐助牵线,很好地体现了媒体的社会职责。[①]

(二)"第一时间、第一现场、第一落点"的坚守

在"利奇马"台风的报道中,台州广电记者冒着生命危险坚守在一线,与众多抗灾人员共同奋斗。一线记者在现场第一时间将资讯传递给全市人民。利用"无限台州"App 户动"直击超强台风'利奇马'"滚动直播。台州广电交通广播开设了《应急大直播》,连续 60 多个小时进行直播,并开通了应急服务热线,发布最新的台风动态、接听热线、处置办法。面对这个重大灾害,台州广电展现的是上下协作、齐力抗灾的凝聚力,为广大媒体工作者树立了榜样。

---

① 胡舜文、吴晓晖:《城市台在重大自然灾害事件中的担当作为——以台州广播电视台台风"利奇马"报道为例》,《中国广播电视学刊》2019 年第 12 期。

第三节　广播赛事报道的"还原"发展

一、广播赛事报道概述

广播可以将远在千里外的赛事信息传送到千家万户，成为新媒体技术产生之前传播迅速、覆盖面广、成本低的传播媒体。早在 1996 年，上海人民广播电台的《990 早新闻》就播出了由胡敏华现场播报的"乐靖宜勇夺金牌"。1996 年，在亚特兰大奥运会的 100 米自由泳赛事中，上海选手乐靖宜以 54 秒 50 的好成绩夺冠，也是该项目的世界纪录保持者。上海人民广播电台在第一时间为全国人民播报了这一好消息。这条广播在当年的新闻评比中获奖。

广播赛事的报道分为两大内容：新闻综合频率的赛事报道和专业体育频率。

（一）新闻综合频率的赛事报道

在电视未普及之前，广播是主要的传播手段，其中中央人民广播电台是最大的电子传媒。中央台体育频道对体育赛事进行直播，最熟悉的开场白是，中央人民广播电台，中央电视台，各位听众、各位观众，台湾同胞，海外侨胞，我们现在是在某地方给您现场直播某比赛。在当时，广播是最强势的媒体。随着电视的普及、科学技术的进步，体育赛事的直播进入体育频道、交通频道、文体频道。

2004 年 1 月 1 日，中央人民广播电台新闻综合频率实现了改版，命名为"中国之声"，原来的《体育新闻》栏目改成了《体育直播间》，集中报道与体育相关的新闻，成为人们了解体坛新闻和热点的窗口。之后广播进行赛事报道多采用现场直播的方式，如果主持人不在现场，也会有电话采访，通过电话的方式进行报道。新闻连线是《体育直播间》的一大特色，体现了新闻的时效性。

（二）专业体育频率

除了一些新闻综合频道之外，还有一些专业的体育频道，这些体育频道的定位为"小专业、大综合"。所谓"小专业"指的是体育频道的个性化表达，显示出电台的个性化；"大综合"指的是照顾大多数听众，注重一些普遍性的元素，能激发大多数听众的兴趣。代表性的体育广播电台有北京体育广播电台、上海体育广播电台、南京体育广播电台、青岛音乐体育广播电台、楚天交通体育广播电台等。

北京体育广播电台成立于 2002 年，其办台宗旨是"体育立台，竞技健身并举"。北京体育广播电台的成立旨在以北京 2008 年奥运会为契机，更好地弘扬奥林匹克精神，实现全民健身的目标。北京体育广播电台成功地广播了国内外重大赛事，推出了一系列精彩的节目，诞生了一批优秀的主持人。

上海体育广播电台成立于 2004 年，这是上海市第一家专业的体育广播电台。上海体育广播电台在新闻采编、赛事转播等方面有一定的优势，一些大型的赛事直播时，上海体育广播电台进行转播，方便大众及时收听节目。在雅典奥运会期间，上海体育广播电台派出记者到现场 24 小时不间断播出赛事，成为上海唯一的"奥运频道"，创下了前所未有的收听率。

随着时代的发展，广播依托现代资源，特别是信息技术优势，拓展了其传播领域，为其进一步发展奠定了基础。其对赛事的真实、客观、及时的报道，使得广播成为赛事传播的重要途径。通过技术的加持及现代资源的整合，听众实现了"身临其境"听广播。

二、《激情赛场》广播赛事报道的创新

目前，国内有多家体育赛事直播节目，它们虽然在直播形式、直播风格上有一定的差异，但有一个共同的目的，即使听众听到现场赛事的进展及最后的结果，所以广播赛事直播节目受到广大体育爱好者的喜爱。这类节目发展到今天走到了瓶颈期，面临诸多的困境，如节目的质量参差不齐、形式较为单一，容易发生播出事故，信号质量差，审美疲劳，等等。如何改善直播信号质量、如何能营造出现实画面感等成为广播赛事报道急需解决的问题。北京体育广播电台的《激情赛场》通过个性化的广播赛事报道，走出了自己的路子，值得各大体育广播电台学习。其创新方式主要表现为以下几点：

（一）创新传播形式，实现高清直播

北京体育广播电台《激情赛场》节目组在广播时善于利用高科技，先后使用了电话线、手机信号转播机、3G/4G 通信技术、综合业务数字网等形式进行赛事直播，但效果却不尽如人意。在 2014 年，广播频率联合技术部门，

将现场直播的信号通过电视光缆转播到北京广播电台本部，再由光端机通过两路光纤传回，最后将解说声音解析出来，实现了高清转播，这一尝试直接推进了转播界的升级。升级之后的转播除了声音质量得到了提升，还可以清晰辨识比赛现场的音响广播、教练员布置赛场战术的声音等，这些声音的加入极大地丰富了直播的现场感与画面感。

随着科技的不断发展，《激情赛场》的转播手段也不断升级，从记者电话到4G网络，再到光纤传输、卫星接收，转播力求最大限度地还原赛场氛围，使听众有身临其境的感觉，再加上主持人的激情解说和嘉宾的专业评论，真正做到了"听到的比赛也精彩"！

（二）创新节目形式，提升收听体验

节目形式随着转播信号质量的提升而发生变化，主要表现为直播的时间由原来的现场直播时间变为直播前＋直播中＋直播后的比赛传播时间。每当有比赛时，当晚的节目便由以上三个环节构成。赛前，广播电台的主持人会联系前方记者来播报比赛的准备情况以及现场的气氛；在比赛时，记者注重比赛情况的实时报道，致力于还原比赛现场，让听众有置身其中的感觉；比赛之后，主持人会围绕比赛做复盘，通常会邀请经验丰富的嘉宾来解答听众的相关问题，以保证直播的热度。

另外，节目朝着更具可听性发展，通常采用的是前方＋后方的解说模式。前方由解说员和解说嘉宾组成，后方的直播间内由主持人以及评论嘉宾组成，这些解说嘉宾或者评论嘉宾都是专业性很强的退役运动员，他们的解说权威、专业，可以将专业的分析转化为通俗易懂的语言传达给广大听众，获得良好的收听效果。

（三）加强立体化呈现

《激情赛场》除了直播一些足球赛事、篮球赛事之外，还对一些重大的赛事进行报道。在进行报道之前，广播电台会进行前期策划，通过打通各个环节，实现比赛的立体化呈现。以2015年的世界田径锦标赛为例，这场比赛的地点是中国北京，《激情赛场》的直播间搭在了鸟巢，《喜鹊登枝》《体坛夜话》的直播间也搬到了鸟巢。

比赛期间，节目组邀请了胡凯、韦永丽、北京田径队教练等为转播嘉宾，这些嘉宾具有较强的专业性，能准确解读运动员比赛时的状态、动作、心理素质等。这次世锦赛的直播设置突破了之前派记者进行报道的模式，使

得广播电台对田径世锦赛的报道内容更加丰富和立体，且是在晚间报道，收听率有了基本保障。

（四）细化转播流程，明确个人责任

《激情赛场》进一步细化了转播流程，明确了各个环节负责人的责任。广播传输形式及节目形式的变化引起各个环节的变化，这些环节需要串联起来，才能确保节目的顺利播出。所以，节目细化了转播流程，制定了三大转播流程和预案——解说员版预案、导播版预案、机房主持人版预案。

细化之后的转播流程包括以下环节：

首先，确定转播的次数、场次、转播人员、嘉宾人员、节目安排，以文字形式提交报告。

其次，发布转播通知，并联系相关部门，做好转播的前期准备工作，确保转播安全播出。

最后，节目的负责人将转播的次数、场次、具体要求发送至主持人手中，还要联络当天值班导播、机房值班主持人等，做好相关的前期准备。

转播报告的确定需要至少提前三天完成。细化之后的转播流程有效地保证了转播的质量，效果较好，也有效避免了播出事故的发生。

（五）利用全媒体资源，扩大节目的影响力

广播要想取得具有竞争力的优势，需要加快全媒体资源的整合，扩大节目的影响力，在这样的时代背景下，故步自封是不可能指引节目走向创新与发展的。"在全媒体时代，传统媒体正面临着边缘化的危险。因此，传统媒体的全媒体化战略成为传统媒体在全媒体时代绝地反击的必经之路。"[①] 所以，广播必须利用全媒体资源来发展壮大自己。广播在影响力、公信力及互动性上有着独特的优势，可以利用现代影响力广泛的社交平台来扩大宣传，如通过网络、微信、微博等进行传播，扩大影响力。《激情赛场》节目的全媒体资源拓展，主要从以下几个方面入手。

1.利用微信、微博平台加强互动

在赛事直播的前一天，电台会将直播的场次、主要内容、邀请嘉宾、赛前分析等重要信息通过微信公众平台、微博官方账号预先发布，对节目的内

---

① 范晶晶：《全媒体时代传统媒体的生存之道》，《青年与社会》2013年第30期。

容进行预热，并提醒广大听众收听的时间。同时，开通互动留言功能，将互动推向高潮。当前，体育广播官方的公众平台及微博都积累了一批粉丝，通过这些互动，可以更好地将赛事的相关内容传播开来，实现二次传播。

2. 解说员参与电视、网络全程直播，进一步扩大影响

广播直播对解说员的要求较高。一方面，解说员需要具备一定的专业知识，能就运动员的行为、动作、心理等进行全面分析；另一方面，解说员需要具备一定的主持能力，能确保说话流畅、临场不惧，还要适时地加入一些背景资料，使得听众对运动员有全面了解。可以说优秀的解说员是赛事直播成功的一半，解说员除了日常解说之外，还会定期到北京各体育电台进行解说，也是为了借助平台提升知名度，获得更好的锻炼。

3. 邀请嘉宾，提高专业度和关注度

除了解说员之外，《激情赛场》还配备了直播嘉宾，这些直播嘉宾包括在网络活跃、具有更高关注度的直播嘉宾，他们自带流量，可大大拓展触及信息的人群范围，提高广播赛事的关注度。

三、奥运赛事广播创新

1956年，中央人民广播电台到墨尔本采访奥运会，开启了中国广播奥运报道的大门。今天，奥运赛事的报道日趋多样化，但广播因其独特性仍然是奥运赛事传播的重要途径。广播对奥运赛事的还原报道表现在以下几个方面：

（一）音频优势的进一步开发

1. "时效性"新解

对"时效性"的创新解读表现在以下几个方面：

（1）"分秒不让，随时插播"。奥运期间，凡是播报奥运的重要信息，都可以随时打断其他节目，以此来保障收音机前的听众听到最快、最有效的体育消息，这样大大简化了层层审批的环节，提升了广播的时效性。一些重要的、重大的信息，包括奥运会第一块金牌、中国第一块金牌、中国选手获得金牌等，都需要第一时间传递出去。与报纸、电视相比，广播可以随时插播，在时效性上大大提升，保证了在广播内容上的优势。

（2）广播的电话直播。与其他媒体相比，广播还可以通过电话直播的方

式将信息第一时间现场传递出去。最初的电话直播是通过接入赛场的"大哥大"进行直播，随着智能手机的普及，手机成为携带最方便的转播设备。使用电话直播的最大好处是直接报道，直播的时间根据赛事的情况可长可短，灵活性强。广播可以将运动员的即席讲话通过电话直播的方式即时传播出去，因此在时效性上大大领先于其他媒体。

（3）立体化组合传播。广播通过某一时间点的及时传播实现了信息传播的时效性。不仅如此，广播还通过点与点的实效传播的串联组合，组成具有逻辑性、整体性的整个赛事的直播。直播的过程是报道的层层递进与深化，给听众以完整的直播呈现，强化了媒体的优势及属性。

2. 彰显"伴随性"

奥运转播在北京时间深夜到第二天上午举行，中国之声抓住时差的优势，在早高峰以及晚间进行直播，在上午的新闻播报中也穿插转播奥运内容，使听众及时了解奥运的进展情况。早晨的广播一般伴随着人们起床、洗脸、刷牙、吃饭、上班，通过声音的伴随性，第一时间将赛事情况转播给听众。

3. 利用新媒体，发挥矩阵传播优势

媒体融合是当代传播发展的主要趋势，广播通过入驻更多的平台扩大自身的传播力。在2022年的北京冬奥会上，上海人民广播电台利用优质传播媒体，以全媒体报道的形式展现冬奥会的瞬间。在这场报道中，广播媒体不再是孤军奋战，而是通过新媒体矩阵协同发力，上海新闻广播、上海交通广播、五星体育广播联合话匣子FM、阿基米德FM打造冬奥会融合内容，发布了全新内容。

在现行版权规则下，确保冬奥会报道时度效统一颇具挑战性。因此，上海人民广播电台依托话匣子FM团队在内容生产方面的经验优势，以App、微博、抖音等官方矩阵为首发平台，遵循"及时、权威、一线"三原则，在各项重要赛况播报时争取更快、更精准。上海人民广播电台在各项重要赛事结束后10分钟之内，迅速制作包括赛场原声在内的《冬奥荣耀时刻》音频产品，依托"中央厨房"共享内容，在上海交通广播、上海新闻广播、五星体育广播等多频率同步播出。

冬奥会开幕式"刷屏"之后，经典947另辟蹊径、快速反应，网罗开幕式上20首古典音乐作品的"全民古典乐科普文"，2022年2月5日在微信公众号推送文章《冬奥会入场古典音乐BGM，你听出来了吗？》，让古典

音乐这一小众艺术形式"出圈"的同时，成功获取 10 万 + 的阅读量，跻身开幕式前后省级以上广播频率微信公众号"在看量"榜单的前 5，被推荐至市委宣传部的冬奥会稿件池（表 6-2）。

表 6-2 北京冬奥会开幕式前后省级及以上广播频率微信公众号在看量排名

微信公众号	推文内容	发布时间	在看量 / 人次
中央广电总台中国之声	二十四节气倒计时，很美很中国！	2022-02-04 20：41：22	479
中央广电总台中国之声	这满屏中国红，超燃！！！	2022-02-04 22：17：33	406
中央广电总台中国之声	独家视频｜习近平出席北京冬奥会开幕式	2022-02-04 20：34：37	376
中央广电总台中国之声	普京到了	2022-02-04 16：20：19	331
经典 947	冬奥会入场古典音乐 BGM，你听出来了吗？	2022-02-05 00：32：30	324
中央广电总台中国之声	真没想到"主火炬"这样点燃！	2022-02-04 23：11：05	271
中央广电总台中国之声	刚强 Vlog 更新！中俄元首会谈马上开始	2022-02-04 15：30：50	229
大湾区之声	这就是属于中国人的浪漫！张艺谋想了两年才想到	2022-02-05 08：51：04	223
大湾区之声	虎跃龙腾！中国女子冰球首胜	2022-02-04 15：23：39	220

在 2022 年冬奥会上，广播与电视融合，记者跨屏，流程优化，大大提升了传播的时效性，也整合了资源。上海人民广播电台通过直播报道、公众号、抖音号等平台的内容传播，凸显了广播宣传的矩阵优势，扩大了传播量。

（二）创新融合传播

1. 优化生产流程

上海人民广播电台在冬奥会举行期间，始终践行"广电融合"传播的理念，携手电视媒体实现了传统媒体的生产流程升级。

上海人民广播电台提前选派记者到现场进行预热报道。此时记者承担的是与电视端新闻节目的连线工作，在预热报道时，重点介绍冬奥会的筹备工作及春节的节日气氛。

2.把握共情基调

对冬奥会的热爱、追求、价值等是报道组应当坚持的出发点与突破口。围绕冬奥会及新春主题，节目组策划了"长城内外过大年""冰墩墩到底有多难买"等内容，获得了广泛的传播。

3.发布差异化内容

上海人民广播电台秉持着"讲好故事"的原则，针对不同内容选择适合的平台发布，在形式上与传播渠道上实现了创新。比如，俄罗斯运动员瓦利耶娃禁药事件在奥运会中不断发酵，五星体育广播发布短视频《图解 K 宝疑似兴奋剂风波》，除了单纯报道消息外，视频中记者还利用一页 A4 纸以直观图解的方式讲述事情的来龙去脉，抽丝剥茧，让受众"秒懂"，在抖音号上获得几十万的浏览量。

4.展现新媒体的技术优势

合作方阿基米德 FM 通过智能电台技术，重点推出了以下电台：
（1）冬奥很科技。
（2）冬奥故事汇。
（3）冬奥问答。
（4）解密冬奥。
（5）冬奥花絮。

这些电台属于垂直智能热电台，向广大听众推出的都是具有较强特色的冬奥资讯，通过声音来传递奥运的美好，传递永远的奥林匹克精神。除了广播端的内容，还开通了独家资讯内容"东游冬奥""跟着记者看冬奥"等，凸显了广播矩阵的力量。

第七章 基于市场的广播服务的传播创新策略

第一节 广播节目传播创新

一、广播节目竞争的现状

20世纪80年代，著名的管理学教授韦里克提出了SWOT分析法。SWOT各字母所代表的含义如下：

S——strengths——优势。

W——weaknesses——劣势。

O——opportunities——机会。

T——threats——威胁。

SWOT分析法是对与研究对象密切相关的各种主要内部优势、劣势、机会、威胁等因素进行分析，得出相应的结论。这一结论得到广泛的应用，广播节目竞争的现状也可以通过SWOT分析法进行分析。

（一）优势

随着新媒体时代的到来，全新的媒体正在颠覆传统媒体的形式、传播速度等，原来的广播竞争格局被打破，新的竞争模式被重塑。新媒体时代，伴随着5G技术及移动网络的普及，传统的广播节目面临着巨大的挑战，广播有其独特性，这是其他媒体所没有的。广播可以通过大数据、互联网、语音识别技术等进一步升级，进入新的传播视野，拓展伴随性、个性，实现传统广播的升级。

1. 技术的提升

新媒体时代打破了电波的距离约束，许多网络广播电台借助网络创建起来，有的广播电台与网络电台进行合作，实现了节目的搭载传播，这进一步拓展了收听市场，扩大了信息的覆盖面。

网络电台依靠音频处理技术、互动广播技术、个性化推荐技术等运转。其中，音频处理技术包括音频的录制、播出及收听。音频处理技术处于领先水平，可以产出优质的节目，可使听众获得较好的收听体验。互动广播技术指的是传统广播设有电话互动的功能，可促进听众与广播主持人之间的互动，未来可以与车联网开展合作。个性化推荐技术需要依托大数据技术充分了解听众的喜好，根据听众的大数据来推送相关内容，这样可以触及听众的需求，进一步提升覆盖率。

2. 制作效率的提高

新媒体时代进一步促进了以手机为代表的智能移动终端技术的进步，广播依托这一技术实现了制作成本的降低以及制作效率的提升。

广播节目的制作经历了广播 1.0 时代、广播 2.0 时代、广播 3.0 时代，三者在录制、剪辑、传播、收听及互动方式上有所差异（表7-1）。

表7-1　广播节目的三个制作阶段的差异

阶段	广播 1.0 时代	广播 2.0 时代	广播 3.0 时代
录制	磁带录音机	数码录音机	数码录音机或移动终端
剪辑	磁带编辑机	PC 电脑	PC 电脑或移动终端
传播	无线电传播	无线电或者数字传播	无线电或移动互联网
收听	收音机	收音机或电脑	移动终端为主
互动方式	拨打热线电话	热线电话或短信互动	移动应用为主

到了广播 3.0 时代，移动互联网及智能接收终端的多样化使得广播节目的制作进一步简化，对音质的要求越来越高。网络广播节目的制作都可以用手机或电脑完成，提高了制作效率。

（二）劣势

1. 声音传播的局限

新媒体时代，广播的形式进一步拓展，增加了图文、视频等功能，但其本质还是依托声音的音频产品的生产。

广播目前面临的困境有两方面：一方面，广播节目组并不擅长图文及视频制作，因此节目成品不够出彩；另一方面，在声音产品的生产上面临同质化内容的倾向，很难吸引更多的受众收听广播节目。

新媒体时代给了受众更多的选择，在受众看来，视频比音频更能吸引注意力。此外，文字、图片等经过编辑器的编辑呈现出优美的形式，进一步吸引大众进行阅读，这些也分流了原本属于广播的广大听众。

2. 节目形式单一

广播因为少了视觉的传达，只能在内容上发力，这也会给听众带来听觉上的审美疲劳。当前的广播节目类型出现了固化现象，加上广播电台的节目主持多是一个主持人单独主持一档节目，团队合作的情况较少，以一己之力完成创新实非易事。此外，传统广播的大多数工作者不了解互联网的特性，所开展的线上传播效果不够好，使得节目形式单一，缺乏生机。

3. 广播人才缺乏

广播人才目前处于短缺的状态，原因有以下几个：首先，广播电台的人员流动性差，制约了优秀人才的引入，且广播从业者的新媒体素养普遍欠缺；其次，当下高校培养出的广播人才难以适应广播的升级，加上新媒体技术的发展速度较快，造成高校的理论教学跟不上时代的发展速度；最后，与广播相比，自媒体的吸引力更大，伴随着更好的待遇与发展机遇。随着新媒体时代的到来，各行各业都在建立自己的公众号，无论是政府还是企业都纷纷开设自己的宣传平台，给广播人才引进造成巨大的压力。

（三）机会

1. 互动的形式多样化

广播要在新媒体时代脱颖而出，就需要借助移动互联网多样化的传播特点，拓展节目与受众的联结渠道，使得广播节目的呈现、传播更具吸引力。声音的不同用途实现了声音的可听性，如微博的兴起促进了听众在移动端的互动，人们通过在留言板留言，使广播节目具有可听性。微信在功能上实现了听众通过语音留言进行互动，还可以通过微信公众平台享受更多的服务。再如，蜻蜓 FM 等网络收音机 App 的网络音频直播，开发出了可以通过弹幕进行互动的功能，大大增强了趣味性。

当下听众主要通过移动手机或者车载电台收听广播，未来的广播发展将会出现更多的收听形式，拓展出更多延伸的互动方式。广播需要借助新媒体技术手段不断发挥其"听"的优势，寻找与听众互动的其他途径。

2. 传播渠道多样化

新媒体时代，传播渠道已经突破传统单一的传播渠道，通过移动网络电台以及提供音频服务的社交平台等多种渠道进行传播。中国第一家移动网络电台豆瓣 FM 上线，其后移动网络电台如雨后春笋般迅速发展，建立了喜马拉雅 FM、蜻蜓 FM、荔枝 FM、阿基米德 FM 等网络电台。

微信、微博等社交平台也具有音频推送功能。例如，微信公众平台的文章中，既可以实现文字阅读，也可以听内容，突破了广播声音传播的界限。微博平台建立了新浪微电台，突破了以往收听广播的局限，网友可以边刷微博边听广播。

广播的单一线性传播拓展为矩阵式传播，丰富了传播形式，使相应的内容找到适合的平台发布，广播内容可以根据传播平台的特点进行二次传播，提高了广播的影响力。

3. 更广的经营空间

（1）广告经营：近年来，广播广告经营有了大幅度发展，原因是车载市场及移动客户端催生了市场空间，使得广播广告投放量进一步增加。广播未来朝着视听新媒体的方向发展，将给广播带来更多的发展空间，广播朝着回听、逆时、碎片化的方向变化，呈现出更加专业化、个性化的内容来满足广大听众的愿望。另外，新媒体时代可以依靠大数据技术来了解听众的画像，通过数据了解听众的喜好，及时通过数据调整经营策略，达到预期的反馈结果。

（2）上下游产业经营：上下游产业经营指的是通过拓展广播节目的外延空间来拓展广播的上下游产业经营，以节目为依托，开展服务链、产业链、价值链的价值延伸，经营的模式由原来单纯地依靠广告转向了价值链的升值。

近年来，广播消费延长了内容产业链，变广播内容一次性消费为多次消费，增加了收入；同时积极举办各种活动，促进品牌效应提升和活动创收；有的广播电台开展跨媒体、跨行业资本运营，开展多样化经营。以北京广播电台为例，它成立了北京中歌锦绣音乐文化传播有限公司，配合中国歌曲排行榜节目，这一举措直接促成了其在一年之内实现盈利，并完成了融资。再如，江苏交通广播网成立了汽车美容装潢公司，开展汽车后市场服务，拓展二手车市场。以上两个案例都是广播价值链的延伸，它们在延伸的过程中实现了广播的增值。

（四）威胁

新媒体时代，伴随着广播发展机遇的是广播节目面临的压力，新媒体中声音传播的优势被充分挖掘，随之而来的是大量资本涌入移动网络电台行业，产生了大量的网络主播，每天有数以千计的声音产品产生，广播的未来可能形成特定的技术壁垒。广播节目需要依靠传统广播电台在新一轮的技术革命中抢占先机。

1. 网络节目的泛滥

网络节目在质量上远不如专业的广播平台，但其内容符合听众的口味，内容丰富，形式多变，吸引了大批听众，这在客观上抢占了传统广播的听众，给传统的广播带来压力，一些内容，如悬疑故事、成功学演讲等，虽然不适合在电视上播放，却在广播中找到了生存土壤。

另外，在节目内容上，各大网络电台制定了不同的策略（表7-2）：

表7-2　移动电台制定的不同策略

主要网络电台	模式
喜马拉雅 FM	有声读物
荔枝 FM	UGG 模式、"小而美" 的产品模式
蜻蜓 FM	有声读物、财经、历史、脱口秀

由以上策略看，网络电台开始朝着大众化的音频模式发展，广播进入了包括音乐、脱口秀、有声读物在内的多元化的内容传播模式。

2. 竞争的白热化

竞争的白热化主要表现在两个方面：一方面，随着广播内容的进一步细化以及市场听众的进一步细分，广播的专业性和个性不断加强；另一方面，依靠新媒体技术，广播行业出现了更多的网络电台，电台与电台之间的竞争日益激烈。大到一个行业，小到一个场景，都出现了不同程度的竞争，加上人工智能技术的发展，广播的硬件及软件方面的竞争也将愈演愈烈。

二、广播节目的内容创新

新媒体时代构建以网络为基础的广泛的传播体系，以广播的内容创新为主要特征，全面提升了广播的传播力与创造力。广播节目的内容创新包括四个方面（图 7-1）。

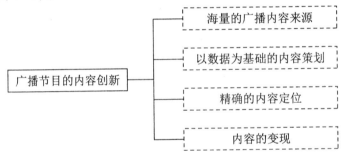

图 7-1　广播节目的内容创新

（一）海量的广播内容来源

新媒体时代，内容收集不再依赖记者现场录音，而是从网络新闻、论坛等渠道寻找线索，尤其是移动互联网时代，广播内容得到了极大的丰富，内容可谓包罗万象、无所不有。内容收集流程的简化加上技术加持，使广播节目的制作效率大大提升。当前广播内容的素材主要来源于微博、微信、移动网络电台、音乐客户端等渠道，这些 App 中聚拢了大批的音频素材。

广播节目要提升传播力、影响力，就需要提升其内容制作能力。在内容来源上，通过海量的信息搜集可找到最适合平台传播的内容。

（二）以数据为基础的内容策划

要在海量信息中筛选有效信息，需要运用到大数据技术。大数据技术除了可以帮助广播完成初期的信息收集外，还可以统计听众的收听习惯、爱好、互动情况等，便于广播搜罗具有参考价值的内容。移动互联网中的应用开发会有相关的数据统计，如微信公众平台有阅读量、转发量、人群画像等，视听网站有点击量，微博有点赞、评论、转发数量。有的平台直接标记的数据便于用户点击观看最新的热点。这些数据统计对广播内容的选择非常有参考价值，广播可以选择有效信息进行内容策划，这样触及用户的概率会大大提升。

广播内容的选择已经从纯粹的信息刻板输出转向了以用户为中心，通过恰当分析，提取有用信息，挖掘信息背后的传播价值，获得影响力。当然面对海量信息，广播要辨别信息的真伪，去伪存真，将人性积极的一面展示出来，成为权威和具有公信力的平台。

（三）精确的内容定位

新媒体时代，互联网技术让世界成为"地球村"。互联网突破了地域限制，进一步拉近了人与人之间的距离。传播端整体的传播数量提升了，但优质的内容却占比很小，所以即便在互联网背景下，广播产生了巨大的用户基数，也仍然要注重内容的打造，只有内容独一无二，才能获得广泛关注。

新媒体时代，广播内容朝着定制化、精细化方向发展，定制化延续着传统广播传播的模式发展，向小部分受众提供定制化服务，有利于积累固定粉丝，增强用户黏性。

精细化制作是广播现状决定的。为了避免同质化内容的泛滥，占领市场份额，广播需要进行精细化制作，通过呈现优质的内容来获得听众的青睐。

（四）内容的变现

近几年，知识付费成为时代发展的潮流，知识提供方会召集专家提供专业性较强的知识，再通过一些高效的方式将知识打造成可学性强、实用性强的知识栏目，广大用户可以通过付费进行知识消费。在2016年，喜马拉雅FM上线了行业内首个"付费精品"专区，其中有听众感兴趣的音频产品，逐渐受到听众的青睐。之后多家广播电台也上线了付费专区，与普通内容进行区分，实现了优质内容的变现。随着时代的发展，知识付费已经成为一种消费时尚，听众更愿意通过付费的方式去购买质量好、实用性强的音频资料来满足自我需求。

三、广播的传播创新策略

对于广播节目而言，要在新媒体时代取得明显的竞争力，就要制定相应的传播策略。广播需要深入了解各平台的特性，根据其特性制定相应的传播策略，找准广播自身的优势点，将优势发挥到极致。

生态化传播分为广义和狭义两个层面：广义的生态化传播是指"通过人机、群体、组织、大众传媒等各种媒体或渠道进行的生态环境信息传播"；狭义的生态传播是指"大众传媒向广大社会公众进行的生态信息传播活动"。[①] 生态化传播具有公共性、科学性、公益性、引导性、现实性等特征。从特征来看，生态化传播是广播的健康、有序发展，有利于构建广播内外的健康成长环境。

广播生态化传播可以从广播的矩阵传播、广播的新模式 + 高效传播、广播的流量管理、广播传播效果评估等途径切入。

（一）广播的矩阵传播

矩阵是数学中的一个重要概念，是复数或者实数的集合。矩阵传播是新媒体时代内容传播的特征。随着信息内容的爆炸式增长，同一内容的传播可以在不同的平台上进行，呈现出矩阵的性质。广播内容可以通过数字化技术进行二次转化或者多次传播，这样广播稍纵即逝的局限被打破，使得内容实现了最大化利用。

新媒体时代，广播在媒体融合之路上加快了脚步，据人民网研究院《2020 年媒体融合传播指数报告》，广播传播矩阵的数据见表 7-3 ～表 7-6。

表 7-3　2020 年广播传播矩阵覆盖率

平台	网站	微博	微信	聚合新闻客户端	聚合音频客户端	聚合视频客户端	自建客户端
广播频率 N=287）	100	77	83.3	47.7	85.7	42.4	94.6

注：1.本调查考察范围包括 275 份报纸、278 个广播频率、34 家电视台，共计开设网站 340 个，微博账号 900 个，微信公众号 800 个，聚合新闻客户端账号 1202 个，聚合视频客户端账号 841 个，自建安卓客户端 337 个。

2.以下统计按照上述考察范围数据计算。

---

① 侯洪、周军：《中国新闻传播中的生态传播现状及思考》，《西南民族大学学报：人文社会科学版》2009 年第 9 期。

表7-4　2020年媒体各渠道账号覆盖用户数均值

单位：万

平台	传统终端	微博	聚合新闻客户端	聚合音频客户端	聚合视频客户端	自建安安卓客户端
广播频率	88.1（*N*=287）	103.2（*N*=219）	5.4（*N*=172）	4.5（*N*=391）	37.3（*N*=144）	584.2（*N*=65）

注：平均用户数＝用户总数/媒体或账号数量（*N*），分别指报纸发行量均值、广播收听人数、电视台收视人口均值、微博账号粉丝量均值、入驻聚合新闻/音频/视频客户端账号订阅量均值、自建安卓下载量均值。

表7-5　2020年媒体各渠道账号覆盖用户数最高值

单位：万

平台	传统终端	微博	聚合新闻客户端	聚合音频客户端	聚合视频客户端
广播频率（*N*=300）	1 083.2	3 878	110.7	251.8	161.5

注：根据本报告监测的广播频率数据汇总，第三方平台用户数据取监测对象在所有入驻平台官方认证账号用户数的最高值。

表7-6　2020年广播频率融合传播力TOP10

序号	媒体名称	总得分
1	中央人民广播电台中国之声	95.90
2	河南广播电视台交通广播	84.80
3	中央人民广播电台经济之声	83.64
4	江苏人民广播电视台交通广播	81.99
5	北京广播电视台交通广播	79.49
6	江苏人民广播电台交通广播网	79.44
7	浙江人民广播电台交通之声	76.60
8	湖北广播电视台楚天交通广播	74.73
9	中央人民广播电台音乐之声	74.00
10	河北广播电视台交通广播	73.72

　　由上表可以看出，广播节目已经建立起规模化的传播矩阵，通过传播矩阵进行传播，如《知·道桂林》的全媒体矩阵。

　　为了适应当代广播发展需要，桂林广播电视台利用广播、电视、网站、移动终端等不同媒体，整合广电网络、电信网络、互联网资源，打通了电视、电脑、手机等多种终端的信息路径，打造全民、全终端、全时段、全场景的全覆盖媒体矩阵（图7-2）。

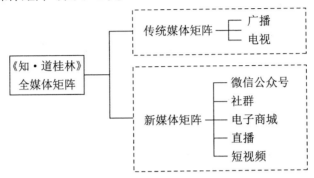

图 7-2 《知·道桂林》全媒体矩阵

（1）传统媒体矩阵。

①电视端。《知·道桂林》全媒体矩阵制作了电视节目《知·道桂林》，其通过介绍城市形象、地方特产，突出桂林整体的品牌形象及地方特色，以此来带动经济的发展。

②广播。《知·道桂林》全媒体矩阵制作了广播资讯类节目《知·道桂林》，主要用于发布企业的各类信息，成为桂林市民的消费导航，助力桂林经济发展。

（2）新媒体矩阵。新媒体包括微信公众号、社群、电子商城、直播、短视频等平台。

开通了"知·道桂林"服务号，成为与节目相呼应的公众号，也是桂林优质生活、优质产品、优质服务的宣传出口。其发布的信息包括社群服务、产品内容、节目预告等。

社群主要构建电视、广播观众的引流，将引流到社群的粉丝称为"知了"，进行统一的管理。社群是达成销售的前提，所以进行重点经营，包括以下举措：

①会员联盟。会员联盟通过定期开展沙龙活动来提升粉丝活力，增强互动性。

②精准分类。分类之后利用社群小管家发布各项具有针对性的活动，促进销售。

③粉丝裂变。通过口碑策略进行粉丝裂变，提升粉丝的忠诚度，增加复购率。

电子商城通过策划多样化的活动，促进销售。首先，通过粉丝互动来增加曝光量，以此助力品牌的宣传。其次，构建会员体系，增强粉丝黏性；通过吸引会员打造本地的综合性消费服务平台。

在直播中，通过电视大屏向手机端引流，实现了销售转化，进一步推进了生产端与消费端的对接。

短视频作为《知·道桂林》节目宣传、推广的出口，通过亮点、爆点的宣传，吸引粉丝反哺电视、广播，同时为商城引流，带来收益。

通过以上全媒体矩阵打造，桂林广播电视台的新媒体既彰显了桂林特色，又具有国际视野。

（二）广播的新模式＋高效传播

广播通过与网络媒体相融合，创新形式、内容、手段等，获得了较高收听率。在 2019 年的"两会"期间，绍兴广播电视总台新闻综合频率主打新闻节目《738 早新闻》与"绍兴 e 网"合作，开发了新的交流互动形式，具体步骤为"绍兴 e 网"开设《738"两会论坛"》，邀请广大网友参与"两会"。《738 早新闻》的子栏目《两会博客》收集广大网友的各种意见及寄语，再将这些文字、录音上传到"绍兴 e 网"上，扩大了"两会"的影响。

《738"两会"论坛》在推出之后，得到了广大网友的积极响应与支持，网友纷纷发表建议及"两会"寄语。为了尽快吸引广大网友的关注，提升节目的收听率，广播相关工作人员立即收集相关的建议及寄语，形成文字，在子栏目《两会博客》上播出。在广播的过程中，节目给广大网友带来的新鲜感表现为网络语言的独特，其风险表现为有的言论过于偏激。为了把握节目的基调，绍兴广播电视总台新闻综合频率采用幽默的语调尽可能还原网络语言，保留网友特色的同时，疏通语法，过滤不当、偏激言论。除了客观描述之外，主持人还引用网络语言进行评论，使得节目得到了意想不到的好评。

另外，一些广播电台在"两会"期间，运用视频插件在微信朋友圈进行宣传，广大网友通过朋友圈不仅能了解"两会"报道的特色，还增强了互动性。

随着新技术的进步，"两会"期间的直播新闻采用了最新的虚拟现实技术，实现了现场文字、声音、图片、视频的同步发布，形成了"声音＋"，即声音＋文字、声音＋画面、声音＋动画、声音＋视频等，极大地拓展了信息的表现形式，为广播的发展开辟了广阔的道路。

广播的高效传播表现为广播制作流程的优化，音频在录制、剪辑、播出等环节都有了技术上的支持。尤其是智能手机的普及，使得拥有一部手机就可以完成节目的录制与传播。广播的移动互联网应用平台的操作平台越来越简单，与过去相比，其技术门槛也大大降低。

移动互联网的传播效率在技术的支持下不断提升，广播利用移动互联网的优势占据先机。尤其在赛事广播中，广播记者入驻比赛赛场进行直播。广播及团队提前做好节目策划，等结果一出，便会凭借其媒体优势抢先推出赛事结果，使广播的收听率及网络点击率大大提升。

（三）广播的流量管理

互联网时代，传播渠道多样化，广播在传播策略上可以借助第三方平台进行广泛传播，获得可喜的收听率。内容创新性较高、粉丝忠诚度较高的节目可以建构自己的平台，这样可以直接获取听众的资料，还可以根据听众属性进行有针对性的功能开发，使得管理更加灵活，获得更多的流量。

1. 版权数据库

有的广播电台开发的新媒体平台除了收听实时广播之外，还开发了广播节目数字化功能，使得全部的广播节目可以点播回听。荔枝网广东网络广播电视台开发了广东新闻广播、珠江经济台、音乐之声、交通之声、南方生活广播、城市之声、股市广播、文体广播、南粤之声等频率，除了可以听直播外，还可以回顾播过的广播节目，大大便利了听众的收听。

2. 平台建设

电台自建设新媒体平台之后，除了可以建设海量的节目库之外，还拓展了更多的功能。例如，中央人民广播电台建立的央广网是由中央广播电视总台主办的，是全国最大的音频广播网站，以播放新闻为主，其开设的目的是"让中国的声音传向世界"。央广网不仅具备收听广播节目的功能，还可以依托17套广播频率、180余家中国广播联盟成员台和全国各地的记者站，充分发挥原创新闻优势，始终坚持内容立网，在5G、4K、8K、AI等高新技术引领下，打造兼具图、文、视、听资讯的全媒体智慧平台。通过其强大的广播传播队伍，生产出大量的原创新闻扩充新闻库，并且开发广播内容的新形式，将广播内容文字化，其报道迅速、权威，常常引起广泛的关注。再如，凤凰FM拥有凤凰卫视、凤凰优悦广播两家的音频节目，通过购买版权的音频，形成了涵盖娱乐、财经、新闻、文史、相声、音乐、亲子、社会等内容的节目。凤凰FM的定位为音频平台，开设了丰富多样的节目（表7-7），致力于为广大听众提供海量的优质音频内容，提升听众的收听体验。

表 7-7　凤凰 FM 开设的节目

板块	栏目
生活百科	《壹读说》《艾灸治病 108 招》《物道》《萝卜报告》《生活冷知识》《教你健康养成》《健康早知道》
财经科技	《科技一点通》《凤凰财知道》《管理一点通》《一刻》《凤凰财经》《陆家嘴财经早餐》《小报告》《野马财经》
新闻	《咨询一点通》《国际快报》《资讯 24 小时》《凤凰早报》《头条速递》《健康快报》《财经快报》《小爱早报》《管理一点通》《晚间新闻速递》
文史军事	《史迹》《耳畔书香》《野史趣闻》《识时务的阴谋家——刘邦》《曾国藩家书》《人生这场盛宴》《任志宏诵读经典》《声音的底片》《民国年间这人那事》
情感	《夜话情感》《夜听美文》《生活中的心理学》《声动旅途》《气质》
亲子	《伊索寓言》《睡前故事会》《小朋友大百科》《大自然会说话》《一千零一夜》
播客	《公车上书》《有本事你别听》《倾城有话说》《看理想电台》《美丽背后故事》

听众下载凤凰 FM App 就能在线收听或者点播之前的节目，实现了随时随地收听，大大拓展了广播内容模式。凤凰 FM 平台的构建满足了听众移动端的收听需求，促进了传统媒体与新媒体的融合。

（四）广播传播效果评估

广播电台的好坏需要由传播效果评价，而传播效果以往主要从收听率上考察，随着广播渠道的多样化，广播电台的效果评估加入了新媒体的数据考察。

最先引进新媒体数据考核的是天津电台，其在 2006 年制定了《天津人民广播电台节目评估考核体系》，提出了"频率评价考核"标准，规定从市场竞争力、节目成本、节目反响、受众认知度这四个方面进行考察。之后各大媒体纷纷改变评估方法。例如，中央人民广播电台在 2009 年初，将无线、有线、新媒体广播等都列入了考评范畴，大大拓展了评估范围。2012 年 4 月，北京电台正式推出了《广播节目网络收听月度报告》，公布了大量数据，包括实时收听数据、回放收听数据、直播数据等，成为传统评估体系的重要数据补充。

广播传播的效果主要看其网络影响力，网络影响力的大小主要看网络视听、网络互动、网络评价、网络创收四个方面，这四个方面形成广播的网络影响力的主要指标，构建了完善的网络影响力评估体系（图7-3）。

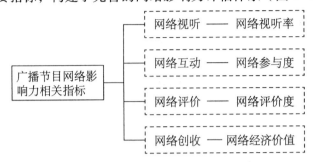

图7-3　广播节目网络影响力相关指标

1. 网络视听

网络视听情况主要取决于网络视听率，指的是广播节目点击的总量，反映的是广播受欢迎的程度，也是广播是否具备传播力的表现。因为广播收听分为广播实时收听和广播点播收听，所以相应地会有广播实时收听率与广播点播收听率。考察网络收听率主要有三大指标：用户数量、播放次数、播放时长。

2. 网络互动

网络互动情况以网络参与度来衡量，也就是广大听众对节目的关注度、讨论度、转发频率，同时反映了广播节目在人群中的深度。一般来说，细节越多，深度越深，网络参与度越高。网络参与度的考察因不同的互动工具需要设计出不同的行为评估指标。

例如，论坛的互动。论坛中的主题数是衡量话题的主题内容是否丰富的指标；发帖数反映的是网民对话题是否感兴趣，会有相应的跟帖和回帖；查看数表示网友对帖子内容的关注程度；回复数体现了某一话题的热度。如果广播节目与论坛的各个指标之间是正相关的关系，即主题越多、发帖数越多、跟帖数越多、回帖数越多，对广播内容的关注度越高，就表明广大受众对节目的喜爱越深，其网络影响力越大。

3. 网络评价

网络评价没有具体的数据参考，主要靠搜集听众留下的相关的节目的评价，经过整理进一步量化形成评价内容。这个内容一般包括正面评价、负面评价及中立评价。网络评价与网络互动的性质不同，网络互动所表现的是网友与节目之间的互动，体现的是节目的人气。网络评价重在网友对节目的评价，是网友的主观倾向。

一般的网络评价使用的方法是搜集相关的留言，找到正面评价、负面评价、中立评价，再通过数理运算计算出各评价所占的比例。

4. 网络创收

网络创收情况衡量的是网络的经济价值，广播节目通过广告投放、活动等创造利润。广播电台有其独特性，有的广播节目内容新颖，吸引着众多粉丝的关注，促进了广播收听率的提高。有的广播电台虽然听众不多，但听众的忠诚度较高，与节目建立起较高的黏性，这些广播电台会吸引广告商前来投放广告或者洽谈联名合作，这样广播的经济价值就得到了很好的体现。

第二节　广播广告传播创新

一、新媒体时代的广播广告

广播广告指的是以促销某种商品或者某种服务触达听众，引导听众购买的一种现代营销模式。在这种情况下，听众就是消费目标人群，广告主通过优美的文案、深刻的内容等方式刺激听众购买，实现商品销售。随着时代的发展，广告主开始寻求各种渠道的广告资源，扩大销售范围。

新媒体时代的广播广告与传统的广播广告相比，具有以下优势：

首先，广告呈现形式多元化。

随着移动网络的发展，广播广告可以通过智能手机传递信息。这样一来，广大受众可以实现随时随地接收广告。对于广告主来说，新媒体时代大大提高了广告主与听众的沟通效率，广告主通过投放广告获得经济效益，听众根据自身需要进行消费。双方通过广播平台建立起买卖关系。

其次，广播受众开始分流。

新媒体时代，任何一家广播平台想要在竞争激烈的环境下生存下去，就必须清楚自身的定位，找到自己的核心竞争力。广播电台只有充分了解受众的喜好，才能设置不同方向的节目，通过细分锁定听众。广告主想要投放广告，找到适合自身产品的电台。广播广告成为广播创收的一个渠道，既实现了广告投放的有效性，又能满足广告主的需求。

最后，广告实现了目标人群精准营销。

新媒体通过大数据技术可以获取听众的收听习惯信息，根据数据，广告主可以实现广告的精准投放。尤其是网络端的广播，利用大数据技术、爬虫技术锁定听众的收听喜好，推送相关的内容，其中就有相关的广告弹出，实现了目标人群的精准营销。

二、新媒体时代广播的转变

（一）大众传播的选择性行为

克拉珀在他的《大众传播的效果》一书中说，受众对传播信息的接受是存在选择性行为的，这种选择性行为是受众的心理活动，包括三个方面的内容：

1. 选择性注意

受众根据自我认知及喜好，选择相应的传播媒体及传播内容，对那些不感兴趣的内容会自动忽视或者屏蔽。因此，媒体如果要想吸引广大受众的注意力，就要迎合受众的喜好，传播与受众相关的内容，否则受众会自动忽略。因此，广播要想在众多媒体和同行中取得竞争优势，就必须提升自己的竞争力，将自身优势充分表现出来，让广大受众注意到。

2. 选择性理解

一般来说，受众是在一定的文化环境下成长的，受教育程度、性格、观点等存在差异，所以在信息接收时，对于同一信息，不同的人有不同的理解。从传播学角度看，信息传播的本质就是编码与译码的过程，作者将一定的意义编成一定的符号，受众通过符号去解读其中的意义，作者与受众之间存在差异，因此受众存在选择性理解的心理活动。

3. 选择性记忆

选择性记忆是基于感兴趣的内容的积累与保持，受众根据自己的观点与立场，选择相似的内容记忆，其心理活动与选择性记忆具有相似性。

以上选择性行为的分析说明受众今天接收信息已经由被动接收转为主动性强的活动，并且朝着个性化方向发展。在信息传播过程中，受众的体验是交叉的，受众既是信息的被动接收者，也是信息的传播者与反馈者。因此，广播内容需要引起受众的兴趣，还要吸引受众的持续关注，使其积极参与到信息的分享与传播中。

（二）广播广告的品牌营销

1. 广告内容、形式的转变

在受众意识主导传播的今天，广播广告要想吸引更多的听众，需要转变内容及形式。

（1）充分挖掘受众的参与感与体验感。许多时候，广告并没有真正将听众放在具体的情境中，因此广大听众缺乏体验感。广播广告需要在内容及形式上贴近大众的生活，朝着个性化、精准化、互动化方向发展，这样才能实现较好的销售转化。例如，一些网络主播、自媒体人会成为企业的产品体验官，通过他们自身的产品使用体验来宣传产品，获得收益。对于广播广告来说，也要注重挖掘受众的参与感与体验感，通过委婉的方式来表达产品的特性，增强说服力，与传统生硬的广告相比，这种方式更容易为现今的大众所接受。

（2）广告中的品牌意识。新媒体时代，依靠互联网实现了精准传播，广告的投放也朝着精准营销路线发展，广告投放需要研究受众的喜好，知道受众要什么，并且知道受众要什么样的。除了对受众的研究外，广告可以从自身的优势出发，通过宣传品牌文化，寻求与听众内心的共鸣，这一策略一下子拉近了听众与广告主之间的距离。

2. 打造广播品牌，实施营销战略

吸引广大广告主进行广告投放，广播需要打造属于自己的品牌。广播在新媒体时代仍然获得了较大的发展，占有较大的市场份额。广告份额占据了广播收益的较大比例。就目前的广告结构看，存在广告结构形式单一的问题，当下广播的广告主要是医药广告，这些广告与广播节目本身没有多大关系，只是通过硬广方式宣传，直接影响着广播的整体形象，同时听众听到与节目毫无关系的广告，也会产生反感，严重的可能会使听众失去收听兴趣。广播电台也意识到了这一问题，开始有意识地打造品牌主持人，并围绕广播品牌设置广告营销，使得营销的目标性更加突出。

3.增强广播广告的整合营销能力

所谓整合营销指的是将独立的营销行为通过一定的逻辑组合成一个整体，使得营销发挥出最大的效果。对于广告来说，要在品牌营销的基础上针对不同的人群制订有针对性的广告播出方案。因为广告无法满足所有听众的个性化需求，所以设置了互动环节，即通过互动来消解听众对广告的意见，在互动中加深听众对广告的认识，使其成为潜在消费者。

广告投放不仅可以在线上完成，还可以通过举行线下活动来扩大影响力，这就是事件营销。在线下现场播放商品广告的信息，吸引受众参与进来，使受众能真实感受到产品的功能与特性，增加购买体验的概率。成功的事件营销可以根据广播媒体的影响力，对营销进行前期评估，科学规划广告形式，促进广播媒体与企业之间的互利共赢。

三、新媒体时代广播广告的创新

新媒体时代广播想要继续发展，需要创新。创新的手段多种多样，如借助互联网思维及新媒体技术等，可以有效提升广播广告的价值。随着媒体融合的深入，广播领域也发生了变化，从最初的单一广播升级为互联网广播，大大拓展了传播空间。新媒体时代广播的创新主要表现在以下几个方面：

（一）根据听众需求优化广告内容

新媒体时代，广播的听众接收信息的方式发生了变化，主要表现为碎片化、年轻化、小众化。当下广播广告收费的高低取决于广播的听众数量，所以广播电台都尽可能地抓住听众的心理设计精彩的内容。同时，面临信息传播的不断升级，广告的内容也需要不断优化，以满足听众的个性化需求。

当下，随着生活水平的提高，人们除了满足生理需求之外，还注重精神上的追求。因此，当下用于精神愉悦的消费越来越多，并且消费者依据个人需求进行消费，表现出较强的个性化特征。所以，广播广告的内容必须符合人们的个性化需求。具体来讲，广播广告需要根据各频率听众的个性化需求，制定个性化内容。例如，交通广播的广告需要从车主的生活切入，切实解决车主的问题，满足车主的需求。再如，音乐广播，主打伴随性的音乐歌曲及节目，为广大听众带来心灵上的享受，同时加入天气、路况、娱乐八卦、歌曲介绍等，成为广大听众的"伴侣"，而广告需要以软广的方式植入，在不影响连贯性的前提下，推广广告。

（二）创新广播模式，拓展广告价值空间

广播广告要重视新媒体的重要性，充分利用新媒体时代的优势，提升广告的影响力，实现效益的提升。

1. 制定合理的广告策略

广告策略的制定是基于市场客观规律，研究广播广告时间，选择专业化的广播频率进行投放。目前，有一些收听率较低的广播频率，且一些收听率较高的广播电台也会出现相比黄金时段的较低收听率。为了降低投广的风险，需要跟踪高频率广播电台及高收听率的广播时间，确保广告在有限的时间内获得较好的效果。对广播电台方来说，可以通过优惠价格来获取低收听率的广播及非黄金时间段的广告投放，这样可以通过长期投放广告获得经济效益。

2. 进一步完善传播技术

新媒体时代，广播的传播呈现出多元化的特点，表现为互动化的传播形式、多元化的媒体形态、多样化的广告内容，再加上技术上的突破，使广播广告的传播速度和范围更快、更广。

广告主选择广告传播的方式也日益多样化，这也促进了各广播电台的广告竞争。在这种情况下，广告主有了更多的选择，可以选择性价比高的广告进行投放。新媒体时代，广播的受众从被动接收转为主动选择，使得广播的传播方式彻底发生了改变。

在新媒体时代，粉丝量和转发量直接决定着市场效应。积极互动带来的是可观的市场收益。新媒体时代，微博、微信端的推广式广告具有明确的定位、较强的互动性、好的口碑、较大的影响力等特点，可以有效发挥品牌效应，提升市场效益。这种全新的传播方式带来更多的体验性场景，带动了新消费风尚的形成，听众转向了情感价值以及观念价值的实现。新媒体时代，传播的显著特点是互动与分享，利用新媒体，信息传播可以进行二次、三次传播。所以，新媒体时代，广播广告可以借助新媒体的技术手段，增强传播力。

参考文献

[1] 孟伟.中国传媒大学传播学系列教材广播传播学 [M].北京：中国广播电视出版社，2013.

[2] 周毅.广播电视数字化、网络化的理论创新与科学实践 [M].北京：北京邮电大学出版社，2015.

[3] 隋欣.新兴媒体时代广播发展研究 [M].北京：中国传媒大学出版社，2017.

[4] 潘力，董晓平.现代传播新技术与广播发展 [M].北京：中国传媒大学出版社，2006.

[5] 王海智.融合创新广播电视媒体发展之道 [M].北京：北京邮电大学出版社，2019.

[6] 申启武.5G 时代广播发展的理念创新与实践探索 [M].广州：广州暨南大学出版社，2020.

[7] 陈林，蔡顶，李克仔.新媒体技术与广播电视发展研究 [M].天津：天津科学技术出版社，2018.

[8] 段鹏，张君昌.融媒背景下中国广播影视发展趋势研究 [M].北京：中国传媒大学出版社，2017.

[9] 王求.移动互联时代的广播发展研究 [M].北京：中国广播电视出版社，2014.

[10] 胡正荣，曹璐，雷跃捷.广播的创新与发展 [M].北京：北京广播学院出版社，2004.

[11] 胡正荣.中国广播电视发展战略 [M].北京：北京广播学院出版社，2003.

[12] 罗弘道，刘玉峻.跨世纪中国广播电视改革与发展 [M].北京：中央广播电视出版社，1994.

[13] 朱金玉，巢立明.中国广播电视业发展战略 [M].上海：上海人民出版社，2005.

[14] 中国广播电视学会，广州人民广播电台.中国城市广播的现状与发展论文集 [C].北京：中国国际广播出版社，1997.

[15] 吕值友.中国城市广播电视发展战略及政策研究 [M].北京：新华出版社，2011.

[16] 连新元.新媒体时代广播传播策略研究 [M].北京：对外经济贸易大学出版社，2012.

[17] 潘力，王本锡，李建刚.高新技术与广播传播方式变革 [M].北京：北京广播学院出版社，2003.

[18] 何志武.重构"三网融合"对广播电视新闻传播的影响 [M].武汉：华中科技大学出版社，2016.

[19] 金震茅.网络广播传播形态研究 [M].苏州：苏州大学出版社，2007.

[20] 赵多佳，许秀玲.内容受众传播广播专业化概论 [M].北京：中国国际广播出版社，2008.

[21] 张政法.主体的影响力广播电视有声语言传播主体研究 [M].北京：中国传媒大学出版社，2014.

[22] 潘力，董晓平.现代传播新技术与广播发展 [M].北京：中国传媒大学出版社，2006.

[23] 蔡凯如，黄勇贤.穿越视听时空广播电视传播论 [M].北京：新华出版社，2003.

[24] 孟伟.声音传播多媒体传播时代的广播听觉文本 [M].北京：中国传媒大学出版社，2006.

[25] 张颂.语言和谐艺术论：广播电视语言传播的品位与导向 [M].北京：中国传媒大学出版社，2009.

[26] 鲁景超.广播电视有声语言传播受众心理研究 [M].北京：中国广播电视出版社，2007.

[27] 李幸，刘荃.传播媒体的历史之光广播电影电视史论 [M].南京：南京师范大学出版社，2004.

[28] 孟伟等.广播原理一种融媒体传播的视角 [M].北京：中国广播影视出版社，2018.

[29] 韩军.新媒体时代下的新闻传播与舆论监督研究 [M].北京：九州出版社，2017.

[30] 王文科.广播新闻报道 [M].2 版.杭州：浙江大学出版社，2015.

[31] 张华，杨南佳．影视表演艺术现代传播广播电视传播 [M].2 版．杭州：浙江大学出版社，2016.

[32] 张颂．广播电视语言艺术中国广播电视语言传播研究 [M]．北京：北京广播学院出版社，2001.

[33] 李晓晔．新媒体时代 [M]．北京：中国发展出版社，2015.

[34] 胡德才，余秀才．新媒体时代的新闻传播教育 [M]．武汉：武汉大学出版社，2017.

[35] 彭雷清．内容营销：新媒体时代如何提升用户转化率 [M]．北京：中国经济出版社，2018.

[36] 陈康．新媒体时代新闻播音主持理论与实践 [M]．青岛：中国海洋大学出版社，2018.

[37] 孙宜学．中外文化国际传播经典案例 [M]．上海：同济大学出版社，2016.

[38] 连新元．听觉媒体景观再造城市广播转型研究 [M]．北京：中国传媒大学出版社，2017.

[39] 陈祖继，刘彤编．广播电视概论教程 [M]．北京：中国传媒大学出版社，2011.

[40] 章玲．广播电视和网络视听发展的新时代机遇：访国家广播电视总局发展研究中心副主任杨明品先生 [J]．广播电视信息，2022（2）：18-19.

[41] 王瑞丽．新媒体时代广播信息传播影响因素研究 [J]．中国广播电视学刊，2022（2）：57-59.

[42] 王惠．论传统广播电视与新媒体融合发展 [J]．中国报业，2022（2）：34-35.

[43] 魏明．新时期广播电视媒体与新媒体的融合与发展 [J]．新闻传播，2022（2）：53-54.

[44] 辛乃罡．新媒体时代传统媒体新闻编辑的创新策略分析 [J]．新闻传播，2022（2）：82-83.

[45] 刘艳．融媒体时代传统广播电视媒体转型发展研究 [J]．新闻传播，2022（1）：53-54.

[46] 张思帆．融媒体时代电视体育节目的发展路径探析：以《篮球风云季》为例 [J]．新闻研究导刊，2022（1）：160-162.

[47] 袁晖．新媒体时代广播电台新闻策划创新研究 [J]．新闻研究导刊，2022（1）：163-165.

[48] 周文惠.融媒体时代广播电视新闻编辑工作的创新研究 [J].今传媒，2022（1）：49-52.

[49] 米星达.新媒体时代播音主持的语言规范和艺术创新 [J].文化创新比较研究，2022，6（1）：75-78.

[50] 王荣晖.5G时代下广播电视行业的发展机遇与价值创新研究 [J].广播电视网络，2021（12）：26-27.

[51] 吕培瑶.新媒体时代音乐广播广告的转变与创新 [J].传媒，2021（24）：83-84.

[52] 杨佳伟.新媒体在广播电视新闻传播中的应用研究 [J].大观：论坛，2021（12）：96-97.

[53] 包洲浩.网络数字化广播电视技术的优势及发展 [J].电视技术，2021（12）：52-54.

[54] 王骏.广播新闻与新媒体融合发展的路径探索 [J].记者摇篮，2021（12）：141-142.

[55] 张强.新时代广播电视媒体融合发展的思考和分析 [J].中国传媒科技，2021（12）：77-79.

[56] 李娅岚.广播新闻融媒发展的创新探索 [J].采写编，2021（12）：42-43.

[57] 张铮.新媒体时代下广播节目的品牌化发展路径 [J].传媒论坛，2021（23）：53-55.

[58] 金磊.如何利用新媒体开展广播新闻工作 [J].记者观察，2021（33）：106-108.

[59] 司志栋.融媒体时代广播电视新闻编辑转型策略初探 [J].中国新通信，2021（22）：106-107.

[60] 朱雅群.新媒体时代下广播新闻传播策略分析 [J].新闻传播，2020（17）：110-111.

[61] 徐敏.新媒体环境下广播新闻传播策略分析 [J].中国报业，2020（6）：38-39.

[62] 王冰月.新媒体环境下广播传播策略研究：以中央广播电视总台央广岭南音乐风节目为例 [J].传播力研究，2019（29）：53.

[63] 张喆.微信公众号提升音乐广播传播力的策略 [J].传播力研究，2019（13）：108.

[64] 林贺.探析广播服务类节目的亲和力 [J].传媒论坛，2019（7）：59，61.

[65] 李江.广播内容传播的创新研究：以广播类短音频为例[J].传媒论坛，2018，1（24）：28-29.

[66] 杨争峥."互联网+"时代广播传播创新[J].中外企业家，2018（32）：252.

[67] 崔英.全媒体环境下广播服务类节目创新发展路径探析[J].西部广播电视，2017（10）：44.

[68] 李安妮.微信公众号提升音乐广播传播力的策略探讨[J].电视指南，2017（9）：136.

[69] 刘玉军，刘锦岳.新媒体环境下地方电台的传播策略[J].中国广播，2016（9）：65-67.

[70] 刘清.广播媒体多元化传播的发展策略探析[J].黑龙江科技信息，2016（15）：85.

[71] 肖蓉.多媒体时代的广播传播发展策略研究[J].新闻研究导刊，2016（10）：139，145.

[72] 董文君.网络微时代下提升新闻广播服务创新能力探微[J].西部广播电视，2015（5）：51.

[73] 梁青莹.中国对外广播新变化探析：以中国国际广播电台、北部湾之声为例[D].南宁：广西大学，2013.

[74] 肖飞，徐慧萍.广播服务功能创新[J].新闻前哨，2006（11）：55-56.